GENJIN刑事弁護シリーズ⑱

訴訟能力を争う
刑事弁護

訴訟能力研究会［編］

現代人文社

はじめに

　本研究会は弁護士・刑事法学者と精神医学者の協力で2007（平成19）年から研究会を行ない、その成果を季刊刑事弁護に断続的に連載してきた。本書はその連載論文と研究員が他の機会に発表した論文に書きおろし論文を加えたものであるが、第1部は弁護士、とくに新人弁護士がこの問題にどう対処すべきかについての指針をまとめたものである。多くの実務家や刑事法学者の検討の資料とされることを期待している。

　研究会の開催には現代人文社に会場を提供していただいたうえ、連載論文と本書の編集については編集部の北井大輔氏にお世話になった。

　また、研究費については公益財団法人日弁連法務研究財団の助成をうけた。

　これらの方に深く感謝する。

2016（平成28）年8月
訴訟能力研究会

目次

はじめに　3

序──訴訟能力について　北潟谷 仁　12

はじめに　12

訴訟能力の諸問題　13

訴訟能力論の現代的変容　14

訴訟構造・捜査構造と訴訟能力論　15

おわりに　16

第1部　シミュレーション

新人弁護士、初めて訴訟能力を争う　18

被疑者弁護人の選任から初回接見まで　18

母親との電話　20

勾留2日目──2回目の接見　21

　解説❶　訴訟能力が問題になる案件の捜査段階の留意事項 ……………… 22

　解説❷　いかにして気づくか ……………………………………………… 23

先輩弁護士からの助言　24

知的障害についての簡単な調査　26

長浜さんの現在の状況の保全のための活動　28

　解説❸　取調べへの対応──被疑者本人への指示事項 …………………… 30

　解説❹　被疑者の現状の保全 ……………………………………………… 30

資料収集　32

　解説❺　情報収集 …………………………………………………………… 33

可視化申入れと不起訴申入れ　34

　解説❻　取調べへの対応──捜査機関に対して …………………………… 39

　解説❼　鑑定 ………………………………………………………………… 40

　解説❽　処分 ………………………………………………………………… 40

公判請求、そして証拠開示へ　41

　解説❾　任意開示証拠の活用と、その他の記録調査 ……………………… 43

　解説❿　特異動静簿冊 ……………………………………………………… 43

第1回公判　43
　解説⓫　整理手続上申 ……………………………………………… 46
　解説⓬　複数選任上申 …………………………………………… 47
　解説⓭　罪状認否は被告人側の権利であって義務ではない …… 47
　解説⓮　被告人の意思が確認しづらい場合の証拠意見 ………… 48
　解説⓯　訴訟能力に疑問がある被告人の被告人質問 …………… 48
鑑定請求　49
　解説⓰　協力医の探し方 ………………………………………… 52
　解説⓱　国選と、協力医に要する費用 ………………………… 54
　解説⓲　精神鑑定の活用幅 ……………………………………… 54
鑑定人尋問へ向けて　55
　解説⓳　未採用証拠と鑑定資料適格 …………………………… 56
　解説⓴　鑑定人の宣誓期日に何ができるか、何をすべきか ……… 56
鑑定人尋問の実施　57
　解説㉑　カンファレンス ………………………………………… 59
　解説㉒　鑑定人と裁判所との役割分担 ………………………… 59
いざ、鑑定人尋問へ　60
　解説㉓　鑑定資料を確認することの重要性と、その方法論 ……… 61
２度目の被告人質問　61
公判停止の決定　64

第2部　裁判例を検討する

訴訟能力判断をめぐる実務の動き　指宿 信　66
公判手続続行能力に関わる裁判例29件の検討から

はじめに　66
先発的原因　67
　1　聴覚言語障害 ………………………………………………… 67
　2　精神遅滞 ……………………………………………………… 73
　3　精神分裂病・統合失調症 …………………………………… 74
　4　知的障害・発達遅滞 ………………………………………… 75
後発的原因　77
　1　精神疾患 ……………………………………………………… 77
　2　逆行性健忘症 ………………………………………………… 81
　3　身体機能障害 ………………………………………………… 82
　4　拘禁反応 ……………………………………………………… 83
　5　認知症 ………………………………………………………… 84
　6　詐病的評価 …………………………………………………… 85

検討　86
  1　理解能力・意思伝達能力をめぐって ……………………………………… 86
  2　手続的保障について………………………………………………………… 88
  3　訴訟無能力のレベルについて　…………………………………………… 88
  4　回復可能性について………………………………………………………… 89
おわりに──今後の課題　89

訴訟能力に関する刑事裁判例研究　金岡繁裕　92

研究の目的　92
取り上げた裁判例と概観　93
訴訟能力の概念と程度　93
  1　訴訟能力の定義…………………………………………………………… 93
  2　弁別すべき「重要な利害」 ……………………………………………… 93
  3　「相当な防御」 …………………………………………………………… 94
  4　防御をすることの出来る「能力」 ……………………………………… 95
訴訟能力に疑問が生じた場合の手続の流れ　96
裁判例の判断傾向と若干の考察　97
  1　いわゆるいん唖者が被告人の事案………………………………………… 97
  2　知的障害者が被告人の事案………………………………………………… 98
  3　精神病等に罹患した被告人の事案………………………………………… 99
  4　その他の理由により訴訟能力が争われた事案 ………………………… 100
最後に　101
裁判例　101
  1　大阪地決昭63・2・29 ……………………………………………… 101
  2　広島高岡山支判平3・9・13 ……………………………………… 102
  3　大阪高決平3・12・24……………………………………………… 102
  4　東京高決平4・1・31……………………………………………… 102
  5　最決平7・2・28……………………………………………………… 103
  6　最決平7・6・28……………………………………………………… 103
  7　大阪高判平7・12・7 ……………………………………………… 104
  8　京都地判平8・11・28……………………………………………… 104
  9　名古屋高判平9・2・10 …………………………………………… 104
  10　最判平10・3・12 ………………………………………………… 105
  11　東京地八王子支決平10・12・24 ………………………………… 105
  12　名古屋高決平12・9・20 ………………………………………… 106
  13　東京高判平13・4・26 …………………………………………… 106
  14　福岡高決平13・9・10 …………………………………………… 106
  15　新潟地判平15・3・28 …………………………………………… 107

第3部　精神鑑定を知る

訴訟能力と精神鑑定　中島 直　110

総論　111
- 1　取調べ段階の調書の評価……………………………………………………111
- 2　犯行の理解………………………………………………………………………112
- 3　法廷で示すであろう態度 ……………………………………………………112
- 4　裁判手続の理解…………………………………………………………………113
- 5　意思疎通能力……………………………………………………………………115
- 6　抽象的な思考能力………………………………………………………………116
- 7　黙秘権の理解……………………………………………………………………117
- 8　参照すべき資料…………………………………………………………………117

疾病別各論　118
- 1　知的障害（自閉性障害を含む）………………………………………………118
- 2　認知症……………………………………………………………………………118
- 3　精神病……………………………………………………………………………118
- 4　逆行性健忘………………………………………………………………………119
- 5　解離性障害………………………………………………………………………119
- 6　拘禁反応 ……………………………………………………………… 120

実践！精神鑑定書の読み方　金岡繁裕／中島 直　121
- 「4　鑑定主文」　123
- 「6　診断」　124
- 「6　診断」の「補足説明」　124
- 「7　家族歴・本人歴等」　126

第4部　事例報告

逆行性健忘症

逆行性健忘症をめぐるわが国の状況　北潟谷 仁　128
- はじめに　128
- 健忘と訴訟能力問題の嚆矢──ニュルンベルク国際軍事法廷　129
- わが国の事例　129
  - 1　水戸地土浦支判昭48・2・28 ………………………………… 129
  - 2　広島地判平元・7・20…………………………………………… 130
  - 3　大阪高判昭59・9・30 ………………………………………… 131
- 逆行性健忘の問題状況　132

英米法における訴訟能力と健忘症　　指宿 信　133

はじめに　133
イギリスにおける「訴訟無能力答弁」と「健忘症」　135
アメリカにおける「訴訟能力」と「健忘症」　136
まとめ　139

聴覚障害

聴覚障害者の刑事被告人と訴訟能力　　金岡繁裕　140

本報告において取り上げる内容　140
平成10年最判　140
平成 7 年最決　142

心理学的観点からの鑑定書の紹介　　中島 直　143

第 1 事件　143
第 2 事件　145
第 3 事件　146
まとめ　147

自閉症

所沢事件における訴訟能力　　北潟谷 仁　150

はじめに　150
事件の経過　150
鑑定内容と裁判所の決定について　151
捜査過程の問題について　152

自閉症を有する者の訴訟能力　　高岡 健／木村一優　153

はじめに　153
所沢事件の概要及び決定　154
所沢事件の訴訟能力鑑定　154
　1　精神医学的診断……………………………………………………　154
　2　抽象的概念の理解能力……………………………………………　154
　3　コミュニケーション能力　………………………………………　155
　4　訴訟能力を測定する構造化面接…………………………………　156
　5　鑑定主文……………………………………………………………　156
考察　157

コミュニケーション障害

自閉症障害・中等度精神遅滞のある被告人に対し訴訟能力を認めた判決　金岡繁裕　159

事案の概要等　159

1　事案の概要・・・　159
2　捜査段階の経緯・・　159
3　訴訟能力鑑定に至る経緯・・　160
4　判決内容・・・　160

塩入鑑定について　160

1　鑑定人の経歴・・　160
2　鑑定主文・・・　160
3　塩入鑑定の特徴・・　161

公判審理の特徴等　161

1　審理の工夫・・・　161
2　捜査検事の証言・・　162

捜査段階の問題　162
公判段階の問題　164
その他の話題　165

長期の公判停止

「訴訟能力」に囚われた被告人　髙橋修一　166

事案の概要――外形的事実　166
事案の経緯　167
接見時（2009年10月以降）のA氏の状況　167
本件を通じて考えたこと　168
浦田鑑定と吉川鑑定　169

1　浦田鑑定・・　169
2　吉川鑑定・・　170
3　まとめ・・・　170

おわりに――若干の問題提起　171

訴訟からの解放と医療への接続　中島宏　172

はじめに　172
訴訟能力の欠如と治療措置　172

1　公判手続の停止と治療措置・・　172
2　公訴取消し後の医療措置・・・　174

訴訟無能力を理由とする手続の打切り　175
 1 手続打切りの理論 ……………………………………………… 175
 2 回復可能性の判断方法……………………………………………… 177
おわりに　178

選択性緘黙

選択性緘黙が問題となった裁判員事例　金岡繁裕　179

取り上げた事例の概要　179
本鑑定の内容　179
 1 鑑定主文……………………………………………………………… 179
 2 選択性緘黙とは …………………………………………………… 180
 3 訴訟能力についての考察 ………………………………………… 180
50条鑑定後の流れ　180
 1 弁護人の対応……………………………………………………… 180
 2 裁判所の対応……………………………………………………… 180
 3 公判審理…………………………………………………………… 181
本事例の実体面における訴訟能力の問題点　181
本事例の手続面における訴訟能力の問題点　182
 1 問題の所在………………………………………………………… 182
 2 裁判員の直接的な判断事項ではないこと ……………………… 182
 3 裁判員の関与の必要性・相当性………………………………… 183

認知症

逮捕後急速に進行した認知症の事例　佐藤隆太／加藤梓　184

経過　184
 1 医療観察申立てまで ……………………………………………… 184
 2 医療観察申立てから終了まで ………………………………… 185
事案の特徴　186
 1 Ａの状態の急速な変化…………………………………………… 186
 2 Ａの性格、Ａと被害者との関係 ……………………………… 186
 3 Ａの周辺の人々の対応…………………………………………… 188
 4 医療観察について………………………………………………… 188
 5 認知症について…………………………………………………… 189

認知症と司法、及び本事例における問題　中島直　189

認知症について　189
認知症と司法　191

本件に関して　192

　　1　診断……………………………………………………………………… 192

　　2　本件対象行為時の精神状態…………………………………………… 193

　　3　手続について…………………………………………………………… 194

医療観察法と訴訟能力　金岡繁裕　195

知的障害

行動制御能力を欠くとした無罪判決　出口聡一郎　197

　IQ42のMさんによる公職選挙法違反!?　197

　検察官による不当な起訴　198

　逮捕から2人目の国選弁護人の選任まで　198

　証拠開示により明らかとなった取調べの実態　199

　いざ被告人質問へ　199

　捜査官の尋問　201

　鑑定　202

　判決まで　203

　裁判を振り返って　203

コメント　佐藤隆太　204

回復可能性

ある精神障害者の弁護活動　伊神喜弘　206

　事件の発生　206

　統合失調症の再発　206

　逮捕後の弁護活動と起訴　207

　起訴の問題点　207

　起訴後の弁護活動　207

　治療措置を求める提訴　208

　公判手続の停止に至る経過　208

　勾留の執行停止に至る経過　208

　公訴取消しの上申　209

　本件公訴棄却の判決に至る経過　209

訴訟能力回復の見込みがない場合の弁護活動　佐藤隆太　211

手続停止から打切りへ　指宿信　212

早急な治療開始があるべきであった　中島直　214

序——訴訟能力について

北潟谷 仁 弁護士

はじめに

　刑事訴訟能力とは、国家の公訴権が適正に行使されるための前提として、その対象とされる被疑者・被告人が自己の正当な防御権の行使のために要すべき精神的能力の問題である[1]。

　刑事手続の進行によって対象者は被疑者・被告人・受刑者としてその法的地位を変えるが、事件時の責任能力、捜査・公判時の訴訟能力、受刑時の受刑能力には共通面とともに各々に特異的な面がある。なお、無実の被疑者・被告人の訴訟能力の問題が責任能力の問題との連続性を欠くことは自明のようであるが、必ずしもそうでない場合もある。事件現場に居合わせてトラブルに巻き込まれた者が重度の精神障害や意識障害のため状況を把握できぬまま犯人と誤認されるような場合を考えれば、このことが理解されよう。その意味で、訴訟能力論も責任能力論の学問的蓄積に学ぶべき点が多い。また、受刑能力も訴訟能力の延長線上の問題であり、受刑能力に関する諸問題も訴訟能力論が類推されるべきことが多い。

---

[1]　訴訟能力全般については拙稿「刑事裁判と訴訟能力」中谷陽二編『責任能力の現在』（金剛出版、2009年）に問題関心の要点を述べた。参照いただければ幸いである。

訴訟能力の諸問題

　筆者が特に焦眉の課題と考えるのは、訴訟能力なき被疑者の捜査手続、とくに取調べからの解放や不任意自白排除のための被疑者の訴訟能力論、裁判官の恣意的認定が許されている現状に代る被告人の訴訟能力認定手続基準の確立、そして訴訟能力論の延長線上に位置する既決囚、特に死刑囚の受刑能力の問題であるが、すべての問題の根底として訴訟構造論・捜査構造論との関連について考えなければならないであろう。

　訴訟能力の法理は当然に被疑者にも適用され、起訴前の被疑者に何らかの精神障害・意識障害または知的障害が認められ、訴訟能力を欠く疑いが強い場合は、取調べ自体が禁止されるべきであると考える。その論拠としては、次のように考えられる。現在の捜査実務においては（多くの学説の反対にもかかわらず）被疑者の取調受忍義務が肯定されている。しかしながら、この理は訴訟能力なき被疑者には妥当しない。訴訟能力なき被告人については、公判が停止され、公判に応ずる義務がないのと同様に、訴訟能力なき被疑者にも取調べという捜査方法に応ずる義務はないはずである。また、被疑者による供述は黙秘権の放棄を意味するが、訴訟能力なき被疑者による黙秘権の放棄はそれ自体が背理であって無効である。それは訴訟能力なき被告人の上訴権の放棄や上訴の取下げが無効であるのと同様である。このように考えれば訴訟能力なき被疑者によってなされた自白の任意性は当然に否定されて然るべきであるが、しかし問題はそれにとどまらず、このような被疑者に対しては取調べ自体が禁止されるべきである。

　被告人の訴訟能力については、オウム事件の麻原彰晃（松本智津夫）被告人の控訴審手続をめぐって多くの精神医学者から厳しい批判がなされたが、現在までのところ法学的検討は十分とはいえない[*2]。

　受刑能力とくに死刑囚の死刑適応能力については、現在一市民から日弁連人権擁護委員会に対して、死刑囚のうち10名が心神喪失状態にあるから刑訴法479条により執行停止を求める旨の人権救済申立がなされている。刑訴法は刑執行停止の具体的手続については何も定めていないため、現状は

[*2]　秋元波留夫・北潟谷仁「訴訟能力と精神鑑定——オウム事件を素材として」季刊刑事弁護47号（2006年）参照。

法務大臣・検察官の裁量が許される状態にあるが、これも本来的には司法的関与が及ぶべき問題である。米国では多くの州でヘイビアス・コーパス（人身保護令状）の対象として司法的関与が及んでいる[*3]。

訴訟能力論の現代的変容

　伝統的な訴訟能力論は責任能力論と概ねパラレルに考えられ、精神障害や知的障害に着目されてきたが、近時は被告人のコミュニケーション能力に着目され、聴覚障害や発達障害ないし自閉症あるいは認知症の患者についても訴訟能力が問題とされるに至っており、その意味で訴訟能力論の変容ないし拡大がみられるところである。このことは後述のとおり訴訟構造における当事者主義化に対応しているといえるであろう。

　なお、筆者としては意識障害も重要な問題であると思う。継続的で重度の意識障害者については従前から刑訴法314条の心神喪失者として公判停止の措置がとられてきたと思われるが、注意を要するのは一過性の意識障害である。錯乱状態下の事件で逮捕された場合、逮捕・勾留期も意識障害が続いて取調べに堪えないことが多いと思うが、このような場合でも少なからぬ事例で整然とした自白調書が作成されてきたのが実情であると思われる。取調べの可視化が進めばかかる事態は減るであろうが、それまでは起訴前の証拠保全手続を活用して、検証で裁判官に被疑者の現状を見せたり、訴訟能力の鑑定を求めることも必要になるであろう。また、黙秘権は被疑者段階の取調べや被告人質問の全体についてのみでなく、個々の質問について行使しうる筈であるが、一過性の意識障害によって部分的にあるいは中途から訴訟能力を失い、黙秘権を行使できないという事態も生じうる。実際、冤罪事件の被疑者が長時間の取調圧力に堪えられず取調べの中途で虚偽自白に陥る場合には、精神の平衡を失って急性・一過性の意識障害に陥り、訴訟能力の中核である防御能力を失っていることが少なくないのではないかと思われるが、このような場合に可視化の記録から素人が意識障害を見抜くことは至難である。

[*3]　横藤田誠「憲法から見た精神障害者と死刑」高岡健・中島直編『死刑と精神医療』（批評社、2012年）参照。

訴訟構造・捜査構造と訴訟能力論

　訴訟構造との関連における訴訟能力論について検討しよう。そもそも被告人を糺問の客体としてのみ扱う訴訟構造のもとでは訴訟能力という観念自体が育ちにくいのであって、それは訴追者と対立当事者たる被告人という観念の成立と軌を一にする。すなわち当事者主義的訴訟構造を前提とするように思われる。

　訴訟能力の本質論やその存在時期に関する議論は上記と不可分の関係にある。今日でも訴訟能力の本質は意思能力で足りるとする見解が多いが、かような見解は、それを継続的な状態像をもって把える傾向があり、このため被告人が一定の時間的経過を要する公判に堪える精神的能力を有せぬときは公判手続を停止することになる。(もっとも、意思能力も本来的には変動的・浮動的でありうるのであるが、訴訟能力論においてこのことはあまり自覚されていない)。

　他方、被告人を訴追者たる検察官と対等の当事者と観念するとき、訴訟能力は単なる意思能力では足りず、民法上の行為能力に準じて実質的に自己を防御する具体的能力が要請されるとともに、その存在時期も各訴訟行為の時点でなければならないことになる。近時、具体的行為能力の面に着目され、「一般的に訴訟を適法に進行させるための『訴訟能力』と個々の行為の有効要件としての『訴訟行為能力』は多くの場合一致するが、区別される場合があるので注意すべきである」[4]とか、「一般的訴訟能力のほかに個別的訴訟能力を考えることができる」[5]等と論じられるのは、このような傾向と無縁ではないであろう。

　状態像としての訴訟能力論の時代的背景について医学と法学の両面から考えることができる。医学的には、1950年代の精神薬理学の成立以前は精神疾患についての治療無力論が根強く、長期入院患者が多かったのに対し、近時は精神障害の軽症化とノーマライゼーションが叫ばれ、精神障害者も有為な社会的行動をなしうることが当然とされることが影響しているであ

---

[4]　田宮裕『刑事訴訟法〔新版〕』(有斐閣、1996年)。
[5]　白取祐司『刑事訴訟法〔第3版〕』(日本評論社、2004年)。

ろう。法学的には、状態像としての訴訟能力は訴訟の客体ないし主体的な訴訟行為を著しく制約された者の属性であって、状態像としての訴訟能力を定める我が国の刑訴法314条は糺問的な訴訟構造と被告人の主体的活動を要請するそれとの中間的ないし過渡的な時代に制定された規定であると思われるのである（なお、本稿では当事者主義的訴訟構造を糺問的なそれとの対比をもって述べた。当事者主義という用語を職権主義との対比で用いる場合もあるが、誤解を避けるためここでは職権主義の用語を用いない）。

　なお、被疑者の訴訟能力について考えるとき、捜査構造論が重要な問題となる。捜査の構造については、平野[*6]が「糺問的捜査観」と「弾劾的捜査観」を対比し、後に井戸田[*7]がこれは真の捜査構造論ではないと批判して訴訟的捜査構造論を提唱したことが記憶に新しい。本稿の問題意識に照らしても、井戸田説は被疑者の訴訟能力論を基礎づけるうえで有益であると思われる。ただ、我が国の実務において、検察官をしていかに訴訟的捜査構造における裁判官的役割を担わせるかという大きな課題が残されている。

おわりに

　本書は弁護士・刑事法学者・精神医学者で構成する訴訟能力研究会の共同研究に基づき、実務的見地、特に弁護士が精神的能力に問題のある被疑者・被告人に出合ったときどう対処すべきかという視点から、訴訟能力問題に取り組む導入を提供し、訴訟能力の争われた事例や意欲的な取組みを紹介するとともに、最新の研究成果まで取り込み、訴訟能力の諸問題を考えようとするものである。

　諸外国特に米国では、訴訟能力を争われる事例は非常に多く、鑑定例や判例の蓄積も豊富であるが、我が国では裁判例も少なく、学問的研究も乏しいと言わざるをえない。本書が実務家や研究者の議論の活性化のための一契機になれば幸いである。

[*6]　平野龍一『刑事訴訟法』（有斐閣、1958年）。

[*7]　井戸田侃『刑事手続の構造序説』（有斐閣、1971年）。

新人弁護士、初めて訴訟能力を争う

||||| 被疑者弁護人の選任から初回接見まで

　私は、2016（平成28）年1月に弁護士登録したばかりの新人弁護士だ。この日は初めての被疑者国選弁護人の待機日であり、所属する才谷法律事務所の執務室で待機していた。

　午後2時半ころ、携帯電話が鳴った。「はい。坂本寅馬です」、電話をとると、法テラスからの被疑者国選弁護人の選任の打診であった。

　法テラスの職員から「被疑者名は、長浜千次郎、窃盗罪の容疑で亀山警察署に勾留中です。生年月日は昭和48年8月18日です。お受けいただけますか？」と聞かれた。

　"窃盗か。殺人とかじゃなくてよかった"と、私は内心ほっとした。もちろん断る理由はない。私は快諾した。

　初めての接見。私は金ピカのバッジを胸に付け、できるだけ堂々と胸を張って正面玄関から亀山警察署に入った。署内の警察官の視線が集まる。内心はドキドキだ。一人の警察官が近づいてきた。「どうされましたか？」と聞かれた。私は「め、面会をお願いします」と噛みながら言った。警察官はチラッと私の胸を見て、にっこりと笑い「弁護士さんですか。接見ですね」と言うと、留置管理課まで案内してくれた。それから接見室内に案内され、私は被疑者が現れるのを待った。"どんな人だろう？"そう思っていると、接見室の扉が開いた。アクリル板を挟んで、小柄な男性が正面に座った。長浜さんだ。私は、「こんにちは。弁護士の坂本です。よろしくお願いします」とあいさつをした。

……返事がない。長浜さんは、うつむくように下の方を見て、目も合わせてくれない。私は、「長浜さん、どうかしましたか？」と聞いた。長浜さんは、ボソボソと何か言っている。アクリル板を挟んでいるためか、思ったより声が聞き取れない。

　私はアクリル板の穴のところに顔を近づけ、「長浜さん、弁護士の、さ・か・も・と、です。聞こえますか？」と大きな声で言った。

　すると長浜さんは、「お母さん、どこ？」とつぶやいた。「お母さんがどうかしましたか？　連絡してほしいのですか？」と私が尋ねると、長浜さんは、「夕方から買い物に行くんだけど……」と不満げに言った。

　私は内心、“逮捕までされてお母さんとの約束どころじゃないだろう”と思ったが、口には出さなかった。

　私は話題を変え、「昨日、おにぎりを１個盗んだということですが、間違いありませんね？」と聞いた。長浜さんは「うん」と答えた。

　「盗んだお店は、丸山駅近くの○×マートですね？」と聞くと、長浜さんは、「うん」と答えた。

　続けて、「時間は、午後１時頃ですね？」と聞くと、長浜さんはまた「うん」と答えた。

　それから私は、「逮捕されるときに、逮捕状見せられましたね？」と質問した。

　……沈黙が続く。私は「令状って言えばわかりますかね？　逮捕のときに、警察官から紙を見せられませんでしたか？」と聞き直した。長浜さんは、また、聞き取れない声でブツブツ言っている。

　私は、逮捕状がわかっていないのかもしれないと思い、質問を変えた。「どうしておにぎりを盗んだんですか？」と聞いた。長浜さんは、何も言わず黙っていた。私は再度、「なんでおにぎり盗んだんですか？」と繰り返した。すると長浜さんは、「お腹減ってたから」と答えた。私が「お腹減ってたって……。お金は持ってなかったんですか？」と聞くと、長浜さんは「お金はある」と答えた。私はますますわからなくなり「お金はいくら持っていたんですか？」と聞くと、また長浜さんは黙り込んでしまった。困ったものだ。

　私は、おにぎり１個で逮捕までされているので、前科があるのではないかと考えた。そこで「長浜さん、前科はありますか？」と聞いた。長浜さんは黙っていた。「長浜さん、前にも警察に捕まったことはありませんか？」と聞くと、

長浜さんは「知らんよ」と答えた。私が「前にも盗みをしたことがありません
か？」と聞くと、長浜さんは「知らんよ」と答えた。

　私は、長浜さんの態度が投げやりになっていると感じたが、罪を犯したこ
とは認めているので、あまり深くは考えなかった。その後も私の質問に対し
ては「うん」「うん」と答えるだけで、長浜さんが自分から話をすることはなかっ
た。

　私は、まだ心を開いてもらえていないと感じ、日を改めることにした。私
が「長浜さんは、お母さんと一緒に住んでいるんですか？」と尋ねると、長浜
さんは「うん」と答えた。それで、私が「家の電話番号を教えてください」と言
うと、長浜さんは電話番号をボソボソとつぶやいた。一度では聞き取れなかっ
たので、何回か言ってもらい、その番号をメモして、接見を終えた。

　結局、長浜さんは下の方ばかり見て、一度も目を合わせてくれなかった。

▌▌▌▌▌ 母親との電話

　私は接見を終えると事務所に戻り、長浜さんのお母さんに電話をした。「は
い。長浜です」。はきはきとした女性の声だ。長浜さんのお母さんだった。

　お母さんは「あの子、またやったの？　あれだけ盗みはだめだって注意して
たのに……。つい最近、スーパーで盗みをして、捕まったばかりなのに、全然、
反省してないじゃない」と嘆いた。

　私は「えっ？　最近、捕まったことがあるんですか？　いつですか？」と思
わず聞き返した。

　お母さんは「半年くらい前よ。それで、裁判所まで連れて行かれて、何て言っ
たかしら。何とかゆうよになって、無事に家に戻れたんですけど」と説明して
くれた。私が「執行猶予ですか？」と聞くと、お母さんは「そう。執行猶予。
次やったら刑務所って言われてたんですよ」と言った。

　私は予想外の話が出て驚いたが、実刑が確実だから長浜さんは投げやりに
なっていたのだろうかと考えた。私は、早急に被害店舗と示談をして、不起
訴にするための弁護活動をしなければならないと思った。

　お母さんは落胆はしていたが、またやってしまった以上、刑務所に行くこ
とになっても仕方がない、と現実をきちんと受け止めているようだった。

　お母さんによれば、長浜さんは中学校を卒業してから、仕事も探さずに長

い間ぶらぶらしていて、その後も、仕事を見つけてはすぐに辞めるということを繰り返していたようだ。現在はパン屋のアルバイトをしているが、仕事場から、長浜さんがいなくなったという電話がよくかかってくるということだった。

お母さんは、長浜さんのそんな生活態度に不満を感じているらしく、「休みの日や仕事から帰宅した後も、何もしないでブラブラしていて……」と長浜さんへの不満を語り始めた。私は、ある程度聞いた後、長くなりそうだったので、「申し訳ありません、次の予定があるもので……」と話を切り上げ、お母さんとの電話を終えた。

▌▌▌▌ 勾留２日目──２回目の接見

私は翌日、２回目の接見に行った。接見室内で待っていると、しばらくして長浜さんが現れた。

今日も長浜さんは下の方ばかり見て、目を合わせてくれない。私はまず前科のことを確認しようと思い、「長浜さん、半年くらい前に窃盗で逮捕されたんではないですか？」と聞いた。長浜さんは悪びれもせず、「うん」と答えた。私が「今、執行猶予中ですよね？」と聞くと、また「うん」と答えた。長浜さんは少し眠そうな表情でぼーっとしているように見える。

私は、反省してないから、無関心なのかもしれないと思い始め、「人の物を盗ったらいけないって分かってますよね？」と聞いた。長浜さんは、また「うん」という返事をした。私が「では、なんで、またやったんですか？」と聞くと、長浜さんは「なんでって、何でが何でで……」とよく分からないことをつぶやき混乱してしまった。

私は、何か変だと思った。それで、「前回の裁判の日はいつですか？」という質問をしてみた。長浜さんは「知らんよ、そんなの」と答えた。「では、前回は何を盗んだんですか？」と聞くと、長浜さんは「知らんよ」とひと言。

私は違和感を抱き、「長浜さんは、今、ここで私と何をしているのかわかりますか？」と聞いてみた。長浜さんは「取調べ」と答えた。

「取調べ??」。驚いた私は「ここはどこですか？」と聞いた。すると、長浜さんは「ブタ箱」と答えた。さらに「私が誰だか分かりますか？」と聞くと、長浜さんは「警察官」と答えた。

私は、長浜さんには何らかの精神障害があるのではないかという疑いを抱き始めた。私は急いで接見を終え、長浜さんのお母さんに再度、電話をした。私が「あのー、申し上げにくいのですが、息子さんには何かご病気があったりしませんか？」と聞くと、お母さんは「そうなのよ、昨日、伝えようと思ってたんだけど、先生が急いでいらっしゃったみたいだから、言いそびれてしまったのよ」と長浜さんのことについて話し始めた。お母さんの話によると、長浜さんには生まれたときから知的障害があるということだった。仕事のパン屋というのも、授産施設でのアルバイトだった。

昨日、話が長くなると思ってお母さんとの電話を切り上げたことで、私は大切な情報を聞き逃してしまっていたのだった。

解説❶ 訴訟能力が問題になる案件の捜査段階の留意事項

刑訴法314条は「被告人が心神喪失の状態に在るときは、検察官及び弁護人の意見を聴き、決定で、その状態の続いている間公判手続を停止しなければならない」と定めており、これは一般的に訴訟能力が欠ける場合について定めたものとされる。

訴訟能力については複数の最高裁判決があり、定義と具体的な当てはめについて裁判所の考え方が示されている。したがって、訴訟能力が問題になりうる事案を受任した場合は、最高裁の判例を強く意識して弁護活動に臨まなければならない。

訴訟能力とは「被告人としての重要な利害を弁別し、それに従って相当な防御をすることのできる能力を欠く状態」（最三小決平7・2・28）であるとされている。そして、その後の判例では「弁護人及び通訳人からの適切な援助を受け、かつ、裁判所が後見的役割を果たすことにより、これらの能力をなお保持している」場合には訴訟能力があると判示している（最一小決平10・3・12）。

また、訴訟能力がない場合について明文上の根拠も最高裁判例もないところであるが、被告人の権利を守るためにも、われわれは刑訴法338条4号に基づき公訴棄却を求めるべきであろう（下級審の裁判例があるほか、上記最三小決平7・2・28の千種補足意見も参照のこと）。

これを踏まえると、訴訟能力に問題がある可能性のある事案を受任

した場合、獲得目標である不起訴や公訴棄却を獲得するためには、「被疑者被告人において自分の利害を理解し、防御できる能力を有してないこと」を立証しなければならない。そして上記能力がないのは当該被疑者においてたいてい何らかの障害（一般的には精神障害・知的障害・聴覚障害・認知症などが多いがこれに限らない）を有していることが多く、その障害の内容とこれに基づく上記能力の欠如を主張立証していくことになる。

そのためには

① 障害等の存在に気づく

② 訴訟能力を将来争うために障害等で能力に欠ける状況を保全する（逆に言えば訴訟能力があるかのような証拠を作成されないようにする）

③ できるかぎり被疑者の生活状況や病状に関する情報を収集する

という作業を捜査段階中にすべて行う必要がある。　　　　　　　［佐藤隆太］

解説❷　いかにして気づくか

本書では主に知的障害の事案について解説するが、訴訟能力が問題になる事案で立証すべき対象は変わらない以上、あらゆる障害に応用できる。

障害等の存在に気づくポイントとしては以下のような言動が挙げられる。前述のすべての障害に共通するものとしては（特に聴覚障害者により強く下記の傾向が見られる）、

① 迎合的である

② 質問と答えがかみ合っていない

③ 逆に質問に「はい」「うん」しか返事がない

④ 質問の意味をわからず聞き返す

⑤ 話の流れを無視した話をする

⑥ 質問全般に対して反応がなかったり、遅れたりする

⑦ 表情が乏しい

が挙げられる。

主に知的障害や精神障害で多く見られるものとしては、

⑧　事件の動機や経緯を説明できない

⑨　不合理な話を不合理だと理解しない

⑩　自分の処分や利害に関する話を理解しない

⑪　突然パニックになったり感情的になる

⑫　学校の成績が悪かったもしくは学校に行っていないという話をする

⑬　仕事を転々としている

⑭　（しかも⑬の理由が説明できなければ可能性は高まる）

⑮　同種の前科前歴が多数ある

⑯　接見中に視点が定まっていない

⑰　接見中に突然動き回る

⑱　考え方やものの見方に偏りがあったり、こだわりがあったりする

などが考えられる。

　このような事情はもちろん訴訟能力に問題のない被疑者にも当てはまることであり、これらがあるからといって訴訟能力に問題があると決めつけてしまうのは早計である。

　しかし、上記事情があれば訴訟能力に問題がある可能性があるのだから、その可能性を考慮に入れて必要な弁護活動を行うべきである。

　捜査の期間は20日しかないうえ、訴訟能力を争う弁護活動ではやることがきわめて多い。また訴訟能力に無理解な捜査機関がほとんどの現状では、相当準備をした弁護活動をしておかないと訴訟能力の欠缺を理由とした不起訴の獲得はおぼつかない。

　以上の事情からすると、訴訟能力を疑わせる障害等の存在は接見初回に気づかなければならない。

［佐藤］

▌▌▌▌▌ 先輩弁護士からの助言

　私は、長浜さんに知的障害があるということを知り、事前修習先の事務所のイソ弁で年齢も近い木戸弁護士にアドバイスをもらうことにした。木戸弁護士の事務所に電話をかけると事務員と思われる女性が出た。私が「弁護士の坂本と申しますけど、木戸孝高先生はいらっしゃいますか？」と尋ねると、すぐに木戸弁護士に電話を代わってもらえた。木戸弁護士は「それは、可視

化申入れをした方がいいね。申入書には、知的障害があることを記載して、そのことを裏付ける資料を添付するといいよ。どんな資料をつけたらよいかは、大阪弁護士会が『知的障害者刑事弁護マニュアル』*1というのを作成していて、貸してあげるから参考にするといいよ」と言ってくれた*2。

　それから、木戸先輩から、被疑者の知的障害に最初の接見で気づかなかったことをさんざん非難された。その後、木戸弁護士は、自分の刑事弁護の経験談を語り始めた。私は、長浜さんのお母さんの話を最後まで聞かなかったことへの罪滅ぼしと思い、我慢して聞くことにした。木戸弁護士の武勇伝は15分くらい続いた。そろそろ電話を切り上げようかと思い始めたころ、木戸弁護士から「ところで君は、接見の様子は録音するか録画するかしているんだろうね？」と質問された。私が「いえ、録音とか録画とかは特にしてませんが……」と答えると、木戸弁護士は「君の携帯はスマートフォンだろう？　動画で撮影するとかしなかったのかい？」と驚いたような口調で言った。私は、「携帯は接見室には持ち込めないのではないですか？　預けてくださいって言われて、ロッカーに入れていますけど……」と言った。すると、木戸弁護士は怒鳴り出し、「君は、それでも弁護士か!!　何の疑問も持たずにホイホイ携帯を預けているなんて。新人研修のときに『接見交通権マニュアル』をもらっただろ？　そこに警察が検査することも許されないって書いてあっただろう？警察には、『あなたに検査する権利はない』と言って正面から闘うべきだ」と語気を強めて言った*3。最後に、木戸弁護士は「まあ、僕なら、無用な火種を作らないように、『お渡しする携帯はありません』とか言ってその場を適当に

---

*1　大阪弁護士会刑事弁護委員会知的障害者刑事弁護マニュアル作成プロジェクトチーム編『知的障害者刑事弁護マニュアル』（Ｓプランニング、2006年）。

*2　最高検は、2011（平成23）年7月、検察の在り方検討会議の提言を受けて、検察改革の一環として、知的障害によりコミュニケーション能力に問題がある被疑者の取調べの録音録画の試行を東京・京都・大阪・名古屋の４地検に指示し、10月には全地検に対象を広げた。その後、録音録画の対象が、知的障害者から精神障害を有する者に拡大し、警察庁も精神障害者に対する録音録画の試行を開始した。これにより、精神障害が疑われる場合、警察署及び検察庁では自主的に取調べを録音録画している場合も多い。ただし、そのような場合でも全面的な録画ではなく一部録画に留まるものが多い。そして、精神障害者に対し可視化申入れを行う場合、日弁連のホームページの会員用サイトから取得できる『可視化申入書（被疑者が知的障がい等によりコミュニケーション能力に問題がある場合）』等を参考に事案に応じて作成するとよいだろう。また、可視化申入れと併せて、取調べの際に被疑者の支援を行っている福祉関係者等を立ち会わせるよう申し入れるということも可能であろう。なお、2019年6月までに施行される改正刑訴法では、裁判員裁判対象事件と検察独自捜査事件で、取調べの全過程が録音録画されることになっている。

ごまかすけどね……。おっと、新人弁護士にこんな抜け道を教えたらいけないね。まあ、せいぜい戦ってその顛末を刑事弁護委員会で報告してくれたまえ。はっはっは」と他人事のように話していた。

木戸弁護士との電話を終え、私は事態の深刻さを噛みしめた。知的障害に気づくのに遅れただけでなく、気づいた後も接見内容すら保全していなかったなんて……、私は弁護活動が大きく出遅れていることをあらためて自覚した。

▐▐▐▐▐ 知的障害についての簡単な調査

私はその日のうちに、木戸弁護士の事務所に『知的障害者刑事弁護マニュアル』を借りに行った。

読んで驚いたのは、第1部の冒頭が、「ある冤罪事件」というタイトルで始まっており、「2005年3月10日、宇都宮地裁において、強盗容疑で公訴提起された重度の知的障害のある男性に対して、無罪の判決が言い渡された」[*4]が、「無罪判決が出たのは、弁護活動の結果ではなく、単に公判中に『真犯人』が現れた偶然の産物にすぎない」、「捜査段階では簡易鑑定もなされないまま起訴され、検察官、裁判官のみならず弁護人さえ、男性が公判途中で否認に転ずるまで障害の重要性に気付かず、供述が事実と異なることが分かりませんでした」ということが記載されていることだった。そこには、真犯人が偶然見

[*3] ただし、録音録画の可否については現在議論のあるところである。たとえば、接見中の写真撮影の制止行為や接見中止措置は弁護活動を不当に制約しないと判示した東京高判平27・7・9判時2280号16頁参照。同判決に対する批判として、たとえば、葛野尋之「刑事弁護の拡大・活性化と、接見交通権をめぐる今日的問題」同『刑事司法改革と刑事弁護』(現代人文社、2016年) 337頁以下参照。日弁連は、面会室内における写真撮影(録画を含む)及び録音についての意見書(日本弁護士連合会、2011〔平成23〕年1月20日)において、弁護人が被疑者・被告人と接見を行う際に、面会室内において写真撮影(録画を含む)及び録音を行うことは憲法・刑訴法上保障された弁護活動の一環であって、接見・秘密交通権で保障されており、制限なく認められるものであり、刑事施設、留置施設等が、制限することや検査することは認められないという見解を示している。このように検査をすることすら認められないというのが日弁連の公式見解である以上、留置施設等においては携帯電話やPCの提出に応じる必要はなく、録音録画についても積極的に行うべきであろう。もっとも、最決平28・6・15により上掲東京高判平27・7・9が確定しており、今後刑事施設・留置施設の対応がいっそう厳しくなることが考えられる。録音録画についてどうするかは慎重に検討のうえ実施されたい。

[*4] 宇都宮地判平17・3・10。

つからなければ「実刑判決が言い渡されていた可能性が高かった」とも書かれていた。知的障害者については、なにより気づくことが大切なんだというメッセージが込められていた。

また、一応の目安として、IQ（知能指数）100を平均とすると70未満が知的障害と考えられるが、矯正統計年報によれば、新受刑者のうち、IQが69未満の者が22〜24％に上るという驚きの事実が記載されていた。

これらの記載から、被告人の知的障害に弁護人すら気づくことなく実刑判決が言い渡されているケースが、全国でも相当な数に上ることが容易に想像できた。

さらに、IQが70未満であれば原則として限定責任能力といえ、50未満であれば責任無能力を認めるべきであるかもしれないといった精神医学者の見解も示されていた。私は、長浜さんの知能指数はどれくらいなのであろうか、と疑問に思ったが、残念ながら、知的障害者と関わったことがない私にはまったく想像ができなかった。

また、知的障害者は、抽象的な概念の理解が不得手であり、相手に迎合しやすく、誘導に乗りやすい傾向があるということも記載されていた。

そう考えると、確かに長浜さんは、こちらから誘導的な質問をするとほとんど「うん」と答えていたのに対し、「どうして」という質問をするとひどく混乱していたのを思い出した。あらためて接見の状況を思い起こすと、ポイントを押さえておけば最初の接見でも知的障害に気づく機会は十分にあったのだと痛感した。

私はマニュアルを読み終えると、すぐにお母さんに電話をした。お母さんからは、長浜さんが療育手帳を取得していることを教えられ、その写しをFAXしてもらった。そこには「第2種知的障害者」と記載され、2001（平成13）年の判定で「障害の程度（総合判定）」が「B」となっており、2007（平成19）年に再交付を受け、同じ判定結果となっていた[*5]。

また、お母さんの話によると、長浜さんは特別支援学校[*6]ではなく公立の学校に通っていたということだった。しかも、長浜さんの通っていた学校には、

---

*5　療育手帳の呼称や判定区分は地域によってさまざまである。東京都では、「愛の手帳」といい、区分は、1度（最重度）、2度（重度）、3度（中度）、4度（軽度）となっている。認定区分は、AとBと2区分であったり、A1、A2、B1、B2の4区分であったりとさまざまであるため、各都道府県の認定区分を確認する必要がある。

特別支援学級*7はなかったとのことだった。私はお母さんに、長浜さんの小学校や中学校時代の成績表などがあれば何でもかまわないので持って来てほしいと伝えた。

　私は、今後の弁護活動では、長浜さんの知的障害の状態を保全することと知的障害の程度についての資料収集をすることに重点を置く必要があると考えた。

||||| 長浜さんの現在の状況の保全のための活動

　その日、すでに午後8時をまわっていたが再び亀山警察署に行った。留置の担当者から「携帯電話があったら、そこのロッカーに入れてくださいね」と言われたが、私は「大丈夫です」と意味不明な返答をしてその場を切り抜けた。

　私は長浜さんに、これまで供述調書を何通作成したのか質問したが、長浜さんは答えられなかった。私は調書の意味を理解していないのだろうと思い、事件の内容を書類にまとめたものだという説明をしたが、それもまったく理解できていないようだった。

　私が「警察官が書類を声に出して読み上げたことはありますか？」と聞くと、長浜さんはひと言、「知らんよ」と答えた。「何かにサインをしたことはありますか？」「知らんよ」。「では、指印を押したことはありますか？　こうベタッと人差し指を黒いスタンプに付けて……」「知らんよ」。「……では、お昼ご飯は食べましたか？」「うん」。こんなやりとりが続いた。

　私は「指で印を押したりしないでくださいね」と指で印を押す動作を交えて説明したが、長浜さんには通じていないようだった。私は、このやりとりをスマホの動画で撮影した*8。

　それから私は事務所に戻り、「私は、供述調書という書類を警察で作成させ

---

*6　1947（昭和22）年3月に公布された学校教育法に規定された「養護学校」は、1979（昭和54）年4月から設置が義務化された。2007（平成19）年4月からは、学校教育法の改正により、「盲学校」「聾学校」「養護学校」は、「特別養護学校」として統一された。

*7　学校教育法により小学校、中学校、高等学校及び中等教育学校には、知的障害者等のために特別支援学級を置くことができると定められている。もっとも、すべての学校に特別支援学級が設置されているわけではない。

*8　前掲注*3参照。

られましたが、これまで何通作成したかもわからず、内容の意味も理解しないままサインさせられました」といった趣旨の長浜さんの弁面調書を作成して、再び亀山警察署に戻った。

午後９時を過ぎていた。留置の職員からは就寝時間を過ぎていると小言を言われたが、接見はさせてもらえた。私は弁面調書を差入れて、留置の職員にも手伝ってもらい、長浜さんに署名と指印をしてもらった。その日のうちに宅下げの手続をして、帰宅した。自宅に着いた頃には午後11時をまわっていた。長い一日だった。

翌日、私は朝一番に、勾留理由開示請求を行った。すぐに裁判所から連絡があり、開示期日がその翌日の午前９時に決まった。加入したばかりの刑事弁護フォーラムの過去のメーリングリストを検索したところ、勾留理由開示請求の際に、被告人の意見陳述を被告人質問形式で行うことができるという投稿を発見した。私は、これを実践してみることにした。

勾留４日目、勾留開示期日の日がやってきた。期日が始まると、私は裁判官に、被告人の意見陳述を被告人質問形式でやらせてほしいと伝えた。裁判官は最初は渋っていたが、事情を説明すると、今回限りということで認めてもらえた。

私が質問を始めようと立ち上がると、裁判官から「要旨調書でいいですか？」と聞かれた。

私は、それでは意味がないので、問答式で調書を作成してほしいと述べた。裁判官と書記官が何やら話し合っている。書記官は明らかに嫌そうな顔をしていたが、最終的には認められた。

私は長浜さんに「今回、何を盗ったのですか？」と質問した。長浜さんは「おにぎり」と答えた。続いて「いつ盗ったのですか？」と聞くと、長浜さんは「知らんよ。夜だったかね」と答えた。「何時ごろですか？」と聞くと、「知らんよ、もうそんなこと」と少しイライラした様子になった。私が「どこで盗ったんですか？」と聞くと、長浜さんは「店」と答えた。「何という名前のお店ですか？」と聞くと、長浜さんは「知らんよ、そこまで」と答えた。私が「何個おにぎりを盗んだのですか？」と聞くと、長浜さんは「３個」と答えた。「どんな形のおにぎりでしたか？」と聞くと、「四角だったよね？　知らんよ、そんなの」と答えた。

勾留質問では、長浜さんには犯行を裏づける供述がほとんどできないこと

がわかり、その状況を問答式で調書に残すことができた。

　その後も私は、連日、長浜さんと接見をし、会話はすべてスマホの動画で撮影した。

　その日以降、どれだけ話をしても、長浜さんとの会話が深まることはなかった。私は、話せば話すほど、長浜さんが犯行に及んだことと知的障害には密接な関係があると感じるようになっていった。

解説❸　取調べへの対応──被疑者本人への指示事項

　訴訟能力が問題になる事案で最も避けるべきなのが、まるで被疑者が訴訟能力に問題がないかのような供述調書が作成されてしまうことである。そのために被疑者には黙秘させることが必要となる。ただ、訴訟能力に問題がある被疑者は、理解力や黙秘を実行できる能力にそもそも欠けることが多く、指示をしても黙秘をすることは難しいことが多い。簡単にあきらめるべきではないが、黙秘が難しい場合は他の方法を考えなければならない。また、本人に出来ないことを押しつける本人不在の弁護を行うことも厳に慎まなければならない。

　具体的には、まず調書への署名押印拒否が考えられる。ただ、これも訴訟能力に欠けるような被疑者には実行が難しいことが多い。そうすると、被疑者への指示だけでは取調対応としては十分ではないことがわかると思う。したがって、訴訟能力が問題になるような事案では取調べ及び本人の現状の「可視化」を行うことが重要になってくる。

［佐藤］

解説❹　被疑者の現状の保全

　可視化がそもそも行われるのか、行われるにしてもどのような形で行われるのかが捜査機関の裁量ひとつである以上、被疑者の現状の保全は弁護側でも行っておく必要がある。具体的な方法としては、

①　接見そのものの可視化（録音録画）

②　弁面調書の作成

③　被疑者に弁護人宛ての手紙を書かせる

④　勾留理由開示手続の活用

⑤　証拠保全手続の活用

が考えられる。

　①については、主に接見をデジカメなどで録画したり、ICレコーダーなどで録音することが考えられる。少なくとも録音は被疑者にわかられることなくできるので、すぐに行うべきである（そのために録音機器は常に携帯するのはいうまでもない）。録画については、その性質上、秘密でやることが困難であるので、可能な限り同意を得て行う。必要であれば秘密録画も考えられるが、障害を有する人は往々にして自分の姿を撮影されることを嫌うので、実施するか否かは慎重に検討すべきである。なお、録音録画は秘密接見交通権の内容に含まれると解するべきである。ただし、留置管理担当と無用のトラブルを起こす可能性があるので、できるだけわからないように行う努力は必要である（録音録画をめぐる判決と議論について、前掲注*3参照）。

　②については、要は弁護士で供述調書を作成してしまおうということである。面前で供述調書を作成し、それを差し入れて署名指印をもらい、即日宅下げを受ける。言い分の緊急の保全には役立つが、証拠価値は乏しい（刑訴法322条1項の特信情況の要件を満たすか同328条の弾劾証拠としての要件を満たさない限り証拠とならない）ことには留意しなければならない。

　③については、弁面調書と趣旨は同じであり、直筆であれば少しは特信情況の要件を満たす可能性が上がる。ただ、証拠価値が乏しいこともやはり同様である。

　④については、いわゆる裁面調書になるので、刑訴法322条の特信情況が認められる可能性は上述の他の手段よりもはるかに高い。ただ、厳密には勾留理由開示期日の目的は供述の保全ではないので、裁判所から制限を受けないように細心の注意を払う必要がある。具体的な供述保全の方法は、最高裁判例を意識した事実の獲得をするために問答形式で行うことが最も効果的である。ただ拒否される場合もある。いずれにせよ、「言っていることが支離滅裂である」状況が保全できればそれでよし、としなければならないことも多いであろう。

　⑤については、刑事の証拠保全手続の際に傷の位置などについて被

疑者の指示を求めることが多いことを利用し、その供述の状況を保全しようとするものである。勾留理由開示に比べて効果が薄いが、これも裁判官の面前での供述を録取した書面であるため、特信情況が認められやすく、刑訴法322条によって証拠能力が認められやすい。必要であれば活用してもよいであろう。

[佐藤]

▮▮▮▮▮ 資料収集

勾留理由開示期日のあった日、事務所に戻ると、長浜さんのお母さんが来ていた。お母さんは段ボール箱を抱えていた。長浜さんの小・中学校時代の資料を持ってきてくれたのだ。

お母さんは長浜さんの小・中学校の成績をすべて大切に保管していて、その他、作文や絵画なども多数あった。長浜さんの成績は、小・中学校を通じてすべて1であった。また、作文については、中学入学後もひらがなばかりで、長くても2～3行しか書かれていなかった。絵画も色彩が極端に少なく、何を描いているのかよくわからないものばかりだった。長浜さんに幼いころから知的障害があったことは明らかだった。

お母さんは、母子手帳も持ってきてくれた。私は、母子手帳に記載された生まれた際の状況などから長浜さんの知的障害の要因のようなものを知ることができないかと期待したが、特筆するようなものはなかった。ただ、3歳のころ、知的障害が疑われるという医師の意見が記載されていた。

お母さんが帰った後、私は長浜さんの働いていた授産施設に電話をした。電話では施設長が対応してくれた。私が事情を説明したところ、その日の夕方に施設長が事務所まで来てくれた。そして、私が頼んでおいた出勤簿とケース記録の写しをもらうことができた。施設長は長浜さんのことを心配して、「裁判にならないようにお願いします」と何度も言っていた。

施設長が帰った後、長浜さんの出勤簿を見ると、欠勤や早退がやたらと多いことがわかった。また、ケース記録には、欠勤や早退のほとんどが無断であり、職場から急にいなくなり、施設の職員やお母さんが探しまわって苦労している様子が記録されていた。仕事については、集中力がなく成果がまったく上がっていないと記載されていた。

その他、私は、長浜さんと関わりがある可能性のある機関に対し、網羅的

に弁護士会照会をかけることにした。仮に長浜さんが利用した履歴があれば、何らかの記録が残っているかもしれないと思ったからだ。私は、福祉事務所、知的障害者生活支援センター、ハローワーク、障害者就業・生活支援センター、障害者職業センター等思いつく限り探索的に弁護士会照会をかけた。

　また、母親から教えてもらった療育手帳を取得する際に通院した医療機関に対し、個人情報開示請求を行った[*9]。小学校と中学校に指導要領についても、個人情報開示請求を行った。

解説⑤　情報収集

　捜査段階での不起訴、公判段階での公訴棄却という結果を獲得するためには、被疑者に何らかの障害があり、訴訟能力が欠けることを立証しなければならない。そのためには情報収集が必要である。どれだけ多くの情報を収集できるかで結論が決まるといっても過言ではない。

　主に考えられる情報収集先としては下記一覧のようなものが考えられる。23条照会や個人情報開示など時間がかかるものが多いので、できるだけ早期に着手すべきである。

収集先	収集すべき情報	収集資料	収集方法
家族	生育歴・病歴・性格的特徴・トラブルの有無	各種手帳（療育手帳・障害者手帳・母子手帳）・通信簿・診断書	事情聴取
医療機関	病歴・病名・症状・治療可能性・入院もしくは通院時の言動・責任能力の有無・訴訟能力の有無	診断書・カルテ・入院中の生活記録	事情聴取・事実上の照会・23条照会・個人情報開示

[*9] 　医療機関から診療録等を取寄せる方法としては、弁護士会照会、個人情報開示請求が考えられる。弁護士会照会による方が簡便であり、比較的短期間で回答を得られるが、地域によっては医療機関が開示に応じないこともある。その場合、個人情報開示請求によるべきであろう。また、公訴提起後であれば、公務所照会（刑訴法279条）によることも考えられる。公務所照会は、刑事施設のような公的機関等、弁護士会照会や個人情報開示請求に拒否的な機関に対しては有効であるが、検察官に対しても開示されてしまうため、注意が必要である。

学校	成績・特殊学級への所属の有無・知能テストの結果・学校内での生活の様子・トラブルの有無	指導要録	事情聴取・事実上の照会・23条照会・個人情報開示
行政機関（特に福祉担当）	生活保護受給の有無及び内容・障害年金受給の有無及び内容	（生活保護の場合）ケース記録	事情聴取・23条照会・個人情報開示
福祉施設（授産施設、生活訓練施設など）	生活状況・性格的特徴・勤務態度・トラブルの有無	生活記録	事情聴取・事実上の照会・23条照会
勤務先	勤務態度・性格的特徴・トラブルの有無		事情聴取
保護司	保護観察中の状況・性格的特徴・トラブルの有無・刑務所からの申し送り内容		事情聴取・23条照会
民生委員	生活状況・性格的特徴・トラブルの有無		事情聴取
警察	留置場内での言動	留置簿等	23条照会

［佐藤］

‖‖‖ 可視化申入れと不起訴申入れ

　私は勾留5日目、勾留理由開示期日の翌日に、可視化申入書を検察庁と亀山警察署に特定記録を付けて発送した。また、同じ内容の文書をFAXでも送信した。

　可視化申入書には長浜さんに知的障害があることを記載し、療育手帳の写し、成績表、授産施設のケース記録などを添付した。

　勾留6日目、私は不起訴申入書を作成し、同日、検察庁宛てに特定記録を付けて発送した。

窃盗被疑事件

被疑者　長浜千次郎

不起訴申入書

平成28年○月○日

佐賀地方検察庁　御中

弁護人　坂本寅馬

　頭書被疑事件について、下記のとおり申し入れます。

記

第1　申入れの趣旨

　被疑者については、心神耗弱疑い及び訴訟無能力疑いがあるので、不起訴処分とされるよう申し入れます。

第2　申入れの理由

1　被疑者に中程度の知的障害があること

　被疑者は、約13年前に「第2種知的障害者」の判定を受けており、現在まで変更はありません。被疑者には、IQにして50台の知的障害が認められ、数値上、心神喪失疑い及び訴訟無能力の疑いがあります。

2　被疑者に心神喪失が疑われる事情

　（略）

3　被疑者に訴訟無能力が疑われる事情

⑴　接見時の被疑者の言動等

　当弁護人との接見時、被疑者は、接見を「取調べ」であると認識し、当弁護人を「警察官」と認識している旨、述べており、自身を援助すべき弁護人を弁護人と認識することすらできていません。加えて、母親との買い物の約束にこだわったり、前科事件の内容も思い出そうともしないなど、置かれている状況を適切に認識しているとはいえません。

(2) 勾留理由開示公判時の被疑者の言動

勾留理由開示公判において、被疑者は、本件に関し、いつ・何を盗んだかについて、被疑事実とまったく異なる内容を述べ、重ねて質問されると「知らんよ」と連発するなど、やはり置かれている状況を適切に認識しているとはいえません。

(3) 被疑者の発達歴

被疑者には3歳のころから知的障害が疑われており、義務教育課程の成績はすべて最低であること、授産施設でも適応できず現在に至るまで母親の庇護下にあること、前記手帳取得事実が指摘できます。総じて、軽くない知的障害があることを示すものです。

(4) 結論

以上によれば、被疑者には中程度の知的障害があり、被疑事件について自ら主体的に防御しようとの意欲はなく、弁護人からの援助も、そもそも弁護人を弁護人と認識していないうえに前記のとおり防御の意欲もないことから功を奏するとはいえず、そうすると、自身の訴訟当事者としての重要な利害を弁別し、これに従った相当な防御を行うことができるとはまったく認められないことから、訴訟無能力が疑われます。

4　不起訴処分の相当性

被疑者は現在、執行猶予中であり、起訴されて仮に有罪である場合、実刑判決が懸念されますが、被疑者のような障害者に対し、刑務所における矯正教育は意味をなすものではなく、むしろ服役歴が今後の社会復帰の受け皿を減少させる弊害も懸念されるところです。

刑事政策的にみても、被疑者をあえて刑事司法手続に付さず、行動化しないよう社会復帰できる方策を検討するべき事案というべきです。

5　結語

よって、第1記載のとおり申し入れるものです。

以上

不起訴申入れにあたって、私は、責任能力及び訴訟能力がないことを記載した。訴訟能力については、リーディング・ケースといわれる2つの最高裁判例を参考にした。

1つは、被告人の訴訟能力に疑いがあるとして公判手続が停止となった
1995（平成7）年の最高裁決定である[10]。この決定では、刑訴法314条1項に
いう「心神喪失の状態」とは訴訟能力を欠く状態をいい、その能力とは「被告
人としての重要な利害を弁別し、それに従って相当な防御をすることのでき
る能力」であるとした。そのうえで、被告人が耳も聞こえず、言葉も話せず、
手話も会得しておらず、文字もほとんどわからないため、通訳人の通訳を介
しても被告人に対し黙秘権を告知することは不可能であり、また、法廷で行
われている各訴訟行為の内容を正確に伝達することも困難であり、被告人自
身現在置かれている立場を理解しているかどうかも疑問であることから、訴
訟能力に疑いがあるとして314条1項を準用して公判手続を停止すべきとし
た。

　他方、重度の聴覚障害者の事案で1998（平成10）年の最高裁判例では訴訟
能力を肯定し、被告人を有罪としている[11]。この事案では、体系的な手話も
十分使用することができず、精神年齢が9歳程度にとどまる精神遅滞がみら
れたが、それでも手話通訳を介することにより、刑事手続において自己の置
かれている立場をある程度正確に理解して、自己の利益を防御するために相
当に的確な状況判断をすることができるし、訴訟手続の趣旨に従い、自ら決
めた方針に沿った供述ないし対応をすることができることが重視されている。
また、黙秘権についても、その趣旨が相当程度伝わっていることや、弁護人
及び通訳人からの適切な援助を受け、かつ、裁判所が後見的役割を果たすこ
とにより、訴訟能力を保持していると認められるとされた。

　私は、2つの類似の事例で結論が分かれたのは、刑事手続において自己の
置かれている立場をある程度正確に理解できるか、自ら決めた防御方針に従っ
た対応が可能であるかどうかという点にあると考えた。

　長浜さんの場合、自分の罪を裁かれているということを理解しているとは
到底思えない。また、黙秘権については、有利・不利の判断ができない以上、
実質的な理解を欠くことは明らかだ。弁護人を警察官と思っている以上、敵・
味方の区別すらできておらず、防御方針に沿った供述もおよそ困難である。

　そこで私は、1995（平成7）年の決定と同様に長浜さんには訴訟能力がない

---

[10]　最三決平7・2・28。

[11]　最一判平10・3・12。

から、不起訴とすべきということを不起訴申入書に記載した。私は、1998（平成10）年の判決が妥当しないということに特に重点を置いて、長浜さんは弁護人すらわからない以上、弁護人による実質的な援助の前提を欠くということを強調した。

　なお責任能力については本稿のテーマから外れるため、ここでの記載は割愛させていただく。

　そして不起訴申入書については、本件において簡易鑑定を実施していないのであれば、実施していただきたいという要望も併せて記載した。

　勾留から8日目、私は思い切って検察官に電話をした。可視化申入書と不起訴申入書を提出したにもかかわらず、検察官からは何の連絡もなく、不起訴の可能性がどの程度のものかもわからなかったからだ。

　検察庁に電話すると「担当検察官は、肘肩検察官ですので、代わります」と言われた。弁護士になって初めて話す検察官だ。

　「検事の肘肩です」。男性の声だった。

　私は検察官に対し、「長浜さんは訴訟能力も責任能力もいずれも欠く状態である疑いがありますので、本件は起訴すべき事案ではないと思います」と率直な意見を述べた。

　しばらく沈黙があった後、検察官から「ところで先生は弁護士登録されてどのくらいになられるのですか？」という質問をされた。私は「……1年目ですが、それが何か……」と答えた。検察官は「いえいえ、お見受けしたことのないお名前でしたので、どちらからの登録換えなのかお聞きしたかったのですが、まだ弁護士登録されて1カ月も経っていなかったんですね」、そう言った後、「ところで本件については、不起訴の見込みはありません。執行猶予中の再犯ですよ。しかも前回の裁判では弁護人すら責任能力を争っていなかったのですから。先生からいただいた授産施設の記録にも、ちゃんと自分で自転車に乗って就業先に通勤していると書いてあるじゃないですか。先生は知的障害で責任能力が否定されることなんてほとんどないということをご存知ないでしょうから、仕方ありませんね。訴訟能力については、論外です。まあ、弁護士になったばっかりの頃は、何でも主張してみようという方もいらっしゃいますからね」と冷ややかな口調で言った。

　私が何も反論できずに黙っていると、検察官は「それと、可視化申入書と簡易鑑定の申出についても拝見致しました。大変興味深い内容でしたが、当

庁としましては、簡易鑑定はもちろん、録音録画も行わないことにしましたので、よろしくお願いします」と事務的な口調で言った。

完敗だ。何の策略もなく、新人弁護士が検察官に電話して何ができるというのだろうか……。私は自分がいかに無防備であったかを痛感した。

解説⑥ 取調べへの対応──捜査機関に対して

訴訟能力に問題がある事案の場合、しなければならないのは、なによりも可視化申入れである。

現在、2012（平成24）年8月6日の通達により、検察での取調べでは「知的障がいを有する被疑者で、言語によるコミュニケーション能力に問題がある者、または取調官に対する迎合性や被誘導性が高いと認められる者に係る事件」では取調べの録音録画が行われるようになっている（2016年〔平成28年〕に成立した改正刑訴法では、さらに対象が広がった〔刑訴法301条の2〕。同条項は2019〔平成31〕年6月までに施行される）。

上述のように被疑者への黙秘指示など不利な供述調書を作成させない活動は空振りに終わることが多く、供述調書が被疑者の言動・現状をまったく反映していないことを立証するためには可視化は必須である。

可視化をすると接見時に現われた被疑者の実態が如実に明らかになり、供述調書がその実態を表していないことも明らかになる。そうすれば、供述調書によって簡単に訴訟能力が肯定されてしまうような事態を防ぐことができる。

なお、いうまでもないことだが、可視化は取調べの全過程で必要であり、一部可視化では何の意味もない。

ただ、捜査機関は未だに障害に関して無理解であるため、特に累犯障害者のような事案などに「以前責任能力や訴訟能力が争われていなかったこと」を理由に可視化しない事例も多く存在する。その場合には同時に弁護側の可視化が必要となる。

なお、可視化申入れをしたのに録音録画しなかった場合は公判でその事実を有利に使うことができるので、申入れ自体は必ずしなければ

ならない。公判で使うためにも申入れは内容証明で行う必要がある。内容証明では到達まで時間がかかるので、必要であれば持参やFAXでの先行送信も検討すべきであろう。　　　　　　　　　　　　[佐藤]

解説❼　鑑定

　最終的に訴訟能力の有無を判断するためには、専門家の意見を聴く必要がある。主に考えられるのは、捜査機関に鑑定をしてもらう（簡易鑑定・精神衛生診断を含む）ことと、弁護側で当事者鑑定をすることの２つの場合である。

　前者が実行された場合は、充実した環境で時間をかけて行われ、捜査機関に対する影響や公判における証拠価値も高い。ただ、そもそも鑑定を実施するかどうかは捜査機関の裁量であることや、鑑定人の人選や鑑定方法についてコントロールできないなどのデメリットも大きい。また、可能であれば鑑定人と面会して意見交換をすることは有用であるが、断られることも多い。責任能力の有無だけの鑑定が行われることが多いので、訴訟能力の有無についても鑑定事項に入れるよう申し入れることは有用であろう。

　後者については鑑定人の人選や鑑定方法などについてのコントロールはできるが、費用面の問題から簡単にできるものではない。また、面会に大きな制限がかかる（立ち会い・アクリル板・時間など）ことから、不十分になる傾向が強い。そのため、証拠価値も捜査機関が行う鑑定より低くなることが多い。したがって、当事者鑑定を行う際にはそのメリット・デメリットを勘案して慎重に行う必要がある。　　[金岡繁裕]

解説❽　処分

　勾留満期までに情報収集の過程で獲得した書類や専門家の意見を付して、不起訴の意見書を検察官に送付することになる。ただ、訴訟能力について検察官が無理解であることや訴訟能力を肯定するような捜査がなされることも勘案し、本人の供述についてはどこまで出すかは慎重に検討すべきであろう。一般的に支離滅裂の度合いが高く、訴訟

能力がないと判断される可能性が高い場合は積極的に出してよいと思われる。

　いうまでもなく、捜査段階で訴訟能力を争う姿勢を見せておかないと、公判段階で捜査段階で訴訟能力を問題にしていなかった弁護活動が訴訟能力肯定の理由に使われかねないので、その点には注意すべきである。

[金岡]

▮▮▮▮ 公判請求、そして証拠開示へ

　勾留10日目、当然のように勾留延長がなされた。私は、あの検察官の態度からすれば公判請求は免れないと考えた。

　それでも私は勾留17日目、検察官に対し再度、不起訴申入れを行った。

　むろん検察官からは何の連絡もなく、20日目、長浜さんに対し窃盗罪で公判請求がなされた。

　起訴後、すぐに検察官から請求予定証拠が開示された。

　まず甲号証を見ると捜査報告書があり、長浜さんの窃盗の瞬間が防犯カメラにバッチリ撮影されていた。どうやら公訴事実の存否に争いはないようだ。

　何より驚いたのは、長浜さんの供述調書だった。そこには「私は、所持金を持っておらず、お腹も減っていたことから、我慢ができなくなり、執行猶予中の身であり次に捕まれば刑務所に行かなければならないことは十分理解していましたが、見つからなければいいという安易な気持ちから万引きをしてしまいました」と動機が詳細に記載されていた。作成した検察官は、……「肘肩」!!

　また前科調書を見ると、長浜さんは2カ月前である2013（平成25）年11月に窃盗罪により執行猶予判決を受けており、現在も執行猶予中であった。前刑の判決書も証拠請求されていたが、弁護人は訴訟能力や責任能力を争っていなかった。他にも10年以上前の窃盗の前歴が2件あった。前歴については、被疑者国選弁護人制度が開始される以前であることからも、弁護人すら選任されていなかったかもしれないと思った。

　私は前回の裁判の際の弁護人に連絡して話を聞いたが、知的障害にはまったく気づかなかったと述べていた。

　その後私は裁判所に対し、証拠開示命令の申立てを行うべきだと思い、再

度、木戸弁護士に電話した。木戸弁護士は「まずは任意開示の申入れをしてみるといい。公判前整理手続が制度化されてから、検察官は公判前に付されたとすれば類型証拠開示請求により当然開示されるような証拠については、任意に開示するようになったから。それでも開示しないものについては、裁判所から検察官を説得してもらうといいよ」と言った。

私はさっそく検察庁に対し、任意に証拠開示をするように申入れを行った。開示は速やかに行われた[12]。開示された長浜さんの供述調書を見ると、長浜さんの供述は逮捕当初から著しく変遷していた。逮捕当日の供述調書には「私が盗みをしたことに間違いありませんが、どこで盗んだのかは思い出せません」と記載されていた。ところが別の日の調書には、盗んだものについて「ジュースやお菓子も盗んだと思うのですが、捕まったときには持っていませんでした」といった、客観的に起こりえないような事実の記載もあり、長浜さんから語られる断片的な情報を捜査官の主観でつなぎ合わせているとしか思えない内容だった。

また、捜査段階では検察官が事前に告げたように、簡易鑑定は行われていなかった。診療録についても、2001（平成13）年に療育手帳を取得した際の記録と2007（平成19）年に再交付を受けた際の記録がわずかに開示されただけであった。お母さんの話によると、2001年に市役所に行ったところ、あっさりと療育手帳を取得できたようで、その後も病院にはほとんど通院していなかったため、診療録自体がほとんど存在しないことがわかった。

ただ、2001年当時の診療録には、田中ビネー式知能検査でのIQが54と記載されており、2007年当時のIQも52となっていたことは大きな発見であった。長浜さんのIQは70を大きく下回っており、少なくとも責任能力が争点となるという私の見通しは間違いではなかった。

また、公訴提起後、警察署の留置施設に対し弁護士会照会により動静簿が開示された。もっとも、動静簿は空欄が多く、特に重要な記載はなかった。

---

[12] 現在検察官は、公判前整理手続に付されていない事件においても、任意に証拠開示に応じることが多く、公判前に付されていれば類型証拠開示請求等により開示されるべき証拠については、常に開示を求めるべきである。仮に検察官が任意の開示請求に応じないような場合には、裁判所から検察官に対し開示を促すように迫るべきであり、それでも開示に応じない場合、公判前または期日間整理手続に付すよう上申すべきである。なお、開示を求める証拠については、解説⑤の情報収集先一覧を参照にされたい。

解説❾ 任意開示証拠の活用と、その他の記録調査

　任意開示が相当広がっており、当該事件に関する供述録取書等がすべて開示されることはまず間違いないが、前科事件の供述録取書等、前科前歴にかかる事件で実施された鑑定書などは、担当検察官が所持していない場合も多く、任意開示ばかりをあてにすることはできない。検討すべき対象は、障害を窺わせる状況、供述能力、過去の依頼者の能力水準の客観記録等、多岐に及ぶのであるから、確定記録の閲覧謄写、前任の弁護士の記録調査等、柔軟な発想で手広く集めるようにしたい。無論これは時間を要する場合もあり、速やかに着手しなければならない。

［金岡］

解説❿ 特異動静簿冊

　2007（平成19）年5月17日警察庁訓令第6号「留置施設に備えるべき簿冊の様式を定める訓令」において、被留置者に関し作成すべき簿冊が規定されており、うち様式1の被留置者名簿「Ⅴ-1　特異動静」が、特異動静の記録である。弁護士会照会に対しては、そのものが開示されることはないが、その記載内容が転記されて開示されていると思われる。報告されている経験事例においては、逮捕後数日にわたる興奮状態、寝ることもなく留置施設のドアを蹴り続け、罵声を挙げ、ニワトリの鳴き真似をした等と記録されたものが開示された。特に接見の時点では落ち着いているように見えるけれども、実際は薬が投与されて落ち着いている場合に留置の方策として一定の薬剤が投与される前の生々しい状況の記録は証拠価値が高い。

［金岡］

|||||| 第1回公判

　私は、第1回公判期日が指定される前に、裁判所に対し、公判前整理手続に付すべき旨の上申と弁護人の複数選任の申入れを行った。すると、その翌日、担当裁判官から直接電話があった。

　「担当裁判官の負野陸車です」。私は、裁判官から直接電話があったことに

驚いたが、電話は期待を大きく裏切る内容だった。裁判官からは、検察官が任意開示を進めているのであればわざわざ公判前整理手続に付す必要はない、開示が困難な事情が生じたらあらためて期日間整理に付すよう上申してくれと言われ、結局、公判前整理手続には付されなかった。複数選任についても現時点では必要性が不明という理由で、職権で複数弁護人が付されることはなかった。

公判での方針は、訴訟能力及び責任能力を争うこととした。罪状認否をどうするかについては、過去の日弁連の研修資料等を木戸弁護士から借りて、参考にした。私は、裁判所に事前に申入れを行い、被告人には罪状認否をさせないよう訴訟指揮を行っていただきたいと上申した[13]。

また裁判長が、検察官に対し起訴状を朗読させないよう訴訟指揮をすべき旨の申入れを行うかどうか検討した。訴訟能力を欠く以上、朗読されても意味がなく、そのような手続を行うことは違法だと考えたからだ。しかし、さすがに裁判所がそのような申入れを認めるはずがないと思い、結局、申入れはしなかった。

いよいよ第1回公判の当日を迎えた。初めての刑事事件ということもあり、まったく先の見えない船出だった。

検察官が起訴状を朗読した。その後、裁判長が、長浜さんに対し、「弁護人から罪状認否はさせないように申入れがありますが、あなたとしてもそのような意向ということですね？」と確認をした。長浜さんは無言だった。

裁判長は、表情を少し変え、「長浜さん、今私が言ったこと聞こえましたか？」と尋ねた。長浜さんは「そんなの知らんよ……、俺は」とつぶやく。

裁判長は、よく聞き取れなかったようで、「何と言いましたか？」と聞き返したところ、長浜さんはおもむろに立ち上がり、証言台に背を向けて歩きだ

---

[13]　第1回公判においては、裁判所に対し、起訴状を朗読させないこと及び被告人に対し罪状認否をさせないことの上申を事前に申し出ておくことが考えられる。起訴状の朗読は、被告人に防御の対象を明らかにするために行われるという趣旨も含まれることから、被告人に対し起訴状を朗読しても意味がないような場合には、朗読させるべきでないといえる。もっとも、起訴状の朗読を欠いた場合、判決に影響を及ぼすことが明らかな判決手続の法令違反となる（高松高判昭25・5・31）ことからも、裁判所が検察官に対し朗読をさせないことはないといえる。罪状認否についても、罪状を理解することができない被告人に対し認否を強要することは、不利益な供述を強要するに等しく許されないといえ、裁判所に対する事前の申入れにより、認否をさせないようにすべきといえる。

した。裁判長は、慌てて、「ちょっと、長浜さん、ど、どこに行くんですか？」
と制止した。長浜さんは「トイレ」とひと言。急きょ、休廷となった。裁判長
の動揺は隠せなかった。

　公判が再開された。裁判長は、「弁護人の申入れに従い、被告人に対する罪
状認否は行わないものとします」と告げ、「弁護人のご意見を伺います」と言っ
た。

　私は、「訴訟能力を欠く被告人に罪状を確認することなどできません。した
がいまして、被告人が公訴事実記載の罪を犯したかどうかについては、弁護
人としては不明と答えざるをえません。訴訟能力がない以上、手続からの早
期解放のために、公訴棄却を求めます」と述べた。

　裁判長は、「弁護人、罪体についても争うという趣旨ですか？　そこは客
観的な証拠関係からある程度、弁護人の方で確認できるのではないですか？」
と少し強めの口調で回答を迫った。

　私は、「本人から罪状を認めるという供述が得られない以上、罪体について
は、認否の余地がありません」と繰り返した。

　裁判長は、不服そうであったが、それ以上追及することもなく、「では、検
察官、証拠調べの請求をお願いします」と述べた。

　検察官から書証の請求がなされた。私は甲号証も乙号証もすべて不同意と
した。

　ここでも裁判長から、「被害届とか実況見分とか、同意できるものもあるの
ではないですか？」と促されたが、私は、「被告人から同意することについて
承諾を得られない以上、弁護人としては不同意とせざるをえません」と答えた。

　書証については、同意しても被告人に不利益はないといえるものもあった
が、安易な妥協はしないようにした。

　供述調書には、万引きの際に対応した店長や長浜さんのお母さんのものも
あり、いずれの調書にも「悪いことをしたことはわかっていたようで、反省し
ているように見えました」といった事件後の長浜さんの様子が記載されており、
到底、信用できる内容ではなかった。

　その後、裁判長から、検察官に対して、被告人の責任能力を裏づける鑑定
が捜査段階で行われているのか釈明がなされた。

　検察官が、捜査段階で簡易鑑定すらしておらず、前回の裁判を含めて長浜
さんの責任能力についての鑑定が過去に一度もなされていないことを告げる

と、裁判長は、神妙な顔つきをして考え込んでいるようだった。

それから、裁判長は、「今後の進行についてですが、精神鑑定の実施を検討するために、次回期日で被告人質問を行いたいと思いますが、いかがでしょうか」と言った。肘肩検察官は、少し驚いた感じだったが、特に反対はしなかった。裁判長から、「弁護人はどうですか？」と尋ねられたので、私は、「訴訟能力の判断の限度で被告人質問に応じます」と答えた。

この日の期日は、そのようなやりとりだけで終わったが、裁判長は、少なからず、長浜さんを見て何かを感じ取っていたようだった。「百聞は一見に如かず」とはまさにこのことだと思った。

第2回公判では、被告人質問が行われた。私は勾留質問で行った質問と同様の質問を繰り返した。

私が、「あなたが盗んだものは何ですか？」と聞くと、長浜さんは、「おにぎり」と答えた。

私が「何個盗んだのですか？」と聞くと、長浜さんは「4個か5個じゃなかったかな」と答えた。勾留質問のときは3個だったのに、個数が変わっていた。

私が「いつ盗んだのですか？」と聞くと、長浜さんは「昨日」と答えた。「どこで盗んだのですか？」と聞くと、長浜さんは「ひとんち（人の家）」と答えた。もう無茶苦茶だ。

その後も、広く罪体のことを聞いたが、長浜さんからはチグハグな答えしか返ってこず、検察官も藪蛇だと思ったのか、突っ込んだ質問はほとんどしなかった。長浜さんが勝手に立ち上がり、トイレに行くということが3回あり、よだれを垂らして弁護人が慌てて拭きとるというハプニングもあった。

被告人質問が終了すると、裁判長は、第3回公判の前に進行協議期日を開きますと告げ、閉廷した。

解説⑪　整理手続上申

現在の法制度では、整理手続は裁判所の職権にかかっているが（2016〔平成28〕年12月までに施行予定の改正刑訴法では請求権が付与された）、裁判所から積極的に整理手続に付することを打診することは例外であり、多くの場合、弁護人から求めることになる。弁護人は、法定証拠開示請求権の活用と、主張予定明示や証拠制限といった不利益を

衡量して、整理手続に付するよう求めるか、検討して判断する。

　任意証拠開示が一定水準（たとえば類型証拠該当性があれば開示する）で機能する場合、整理手続に付する利点がさほど大きいわけではないが、弁護側立証が奏功したあとに検察官に再反証の機会を与えかねない危険性は、本件のように専門家意見に依拠した立証が決め手となる事案では憂慮すべき要素であろう。また、取調べの任意性を争うことになれば、取調官尋問は必至であり、その場合、取調べ備忘録に関する裁定請求が必要になる可能性があるが、裁定請求は整理手続でしか実現しえない（証言予定事項開示は、整理手続風に進めても一定、開示されるのが現在の実務といえる）。　　　　　　　　　　　〔金岡〕

解説⑫　複数選任上申

　裁判員対象事案を除き、複数選任は容易には認められない。しかし、対応が困難な事案や経験不足と判断される場合は、積極的に求めていかなければ、なにより被告人に迷惑をかけかねない。

　この点で、季刊刑事弁護65号（2011年）所収の第8回季刊刑事弁護新人賞優秀賞、大坂恭子弁護士の事案は参考になる。弁護士会を挙げて複数選任を支援した結果、複数選任にこぎつけ、かつ、責任無能力無罪を獲得したというものである。一人の手に余っても、刑事弁護委員会、さらには弁護士会の協力を得て、裁判所を説得する。あきらめるには早いということである。　　　　　　　　　　　　　　　　〔金岡〕

解説⑬　罪状認否は被告人側の権利であって義務ではない

　この段階で逐一、認否を明らかにしなければならないものではないし、まして、被告人本人を矢面に立たせ裁判所の質問にさらす危険性は、弁護人がよくよく考えて戦略的に行動すべきである。本件のように事前に申し入れても、被告人の権利である以上は被告人の意向は確認するという裁判所もあれば、弁護人の弁護権を尊重して方針に介入しない裁判所もある。複数の状況を想定しつつ公判に臨むべきである。

　弁護人として意識しなければならないのは、依頼者に、どの場面で

どのように発言させるべきか、であろう。コミュニケーション能力に難があるとすれば、発言機会の設定こそ意を用いなければならない。裁判所から強い口調で細部の認否確認を受けるままに放置するともなれば、すべてに「……はい……」と答える展開にもなりかねず、その後の進行を大いに害する可能性が高い。　　　　　　　　　　　　　　　　［金岡］

解説⑭　被告人の意思が確認しづらい場合の証拠意見

　積極的に争う部分がないから同意するという考えは明らかに誤りである。証拠意見は最終的に被告人の判断が優先するのであり、被告人の同意意見が確認できない場合、後見的役割を果たすべき（かつ当該事件について何ら直接体験をもたない）弁護人として、同意することが確実に利益だと思われる場合以外は、安易に同意意見を述べることは許されないと考えるべきである。審理がやや長期化する可能性については、別途、保釈などで対処すべきことである。訴訟能力を争う以上、一定の長期化は避けられず（弁護人の体制を確立するうえでも一定時間を要しよう）、審理が長期化することを嫌って安易に証拠同意することは本末転倒、かつ、むしろ有害（本文のように、訴訟能力の側面からみて、疑問を生じさせるような事情が綺麗に消し去られている証拠も大量に提出されうる）というべきである。　　　　　　　　　　　　　　　　［金岡］

解説⑮　訴訟能力に疑問がある被告人の被告人質問

　訴訟能力等に疑問のある被告人に対する被告人質問は、それを行うこと自体、適切でない場合も当然にありうる。被告人に意思疎通に難のある場合は、意思疎通が困難な事情を極力取り除かなければ、そのような被告人への質問はやはり不適切であり、弁護人が積極的に方法論を提案していかなければならない。裁判例においても、裁判官が法壇を下りて和やかな雰囲気作りをしたり、板書を多用して被告人の理解を助けたりした工夫が報告されているところである。

　本件の場合、弁護人は、被告人質問を実施しても、訴訟能力の方面では素の被告人があらわとなり、訴訟無能力の心証を裁判官に与えら

れるのではないかとの判断から、被告人質問に応じた。他方、罪体に
関しては、捜査段階の誘導の影響が残り、問われるままに誘導に乗っ
てしまう危険があり、いくら工夫したところで取調べの再現に類似し、
また、障害者からの聞き取り能力に長けているとはいえない法曹実務
家からの聞き取りを再度行うことには消極的であるべきである。

　このように、訴訟能力を欠く被告人の被告人質問にはデメリットも
あるので、実施するか否かについては十分にメリット・デメリットを
比較衡量のうえ、慎重に判断すべきである。

　被告人質問を実施する場合、弁護人としては、依頼者が落ち着いた
雰囲気で話ができるよう、精神科医や心理職を起用した鑑定を提言し
ていくことを心がけたい。

[金岡]

IIIII 鑑定請求

　第2回公判の後の進行協議期日では、裁判長から弁護人に対し精神鑑定を
請求するかどうか確認があった。私は、裁判所が鑑定を採用するつもりでい
ることを察し、「鑑定請求を行いたいと考えています」と言った。裁判長は、「弁
護人は、期日外で結構ですので、できる限り速やかに鑑定請求を行ってくだ
さい。そのうえで、期日外で採否を決定いたします。採用の場合には、速や
かに鑑定を実施します」と述べた。

　木戸弁護士からは鑑定請求に際しては協力医を探すとよいとアドバイスを
もらったが、長浜さんのお母さんに相談したところ費用が負担できないと言
われた。なにより新人弁護士の私に相談できる精神科医などいなかった[14]。

---

*14　被告人に精神障害がある事件において、精神科医師の協力を得ることは極めて重要である。
捜査段階では、協力医が被疑者と面会を行い、意見書を作成しもらうことが考えられる。この意
見書を不起訴を求める上申書に添付することにより、被疑者の早期釈放を実現できる場合もある。
また、鑑定請求にあたっても、協力医の意見書があれば、容易に鑑定を認めない裁判所を説得す
る大きな材料となるといえる。さらには、協力医に訴訟能力・責任能力の鑑定書を作成してもらい、
同鑑定書及び同協力医の証人尋問の請求をするという方法も考えられる。特に訴訟能力について
は、責任能力と異なり、精神科医であっても理解に乏しい者が多いといわれている。そうであれ
ば、訴訟能力について、十分な知識と経験を有する精神科医を弁護側で確保することができれば、
弁護側にとってなによりの武器となる。もっとも、相談できる協力医を見つけられるとは限らず、
国選の場合は費用の問題もあるため、協力医の協力が得られない場合も多いのが実情といえる。

そこで、私は、これまでの接見結果をまとめた弁護人作成の報告書及び母親の陳述書、小・中学校の成績表、診療録、職場のケース記録、職場の同僚の陳述書等を添付した鑑定請求書を作成した。

鑑定請求書

平成28年〇月〇日

佐賀地方裁判所刑事部　御中

弁護人　坂本寅馬

記

第1　請求の趣旨
　被告人について次の事項を鑑定するよう請求する。
1　被告人の事件当時の精神状態について
⑴　精神障害の有無・程度
⑵　被告人が事件当時、事理弁識能力もしくは行動制御能力の少なくともいずれか一方を障害されていた事実の有無・程度
⑶　被告人の精神障害が、事件当時の事理弁識能力もしくは行動制御能力に与えた影響の有無・程度
2　被告人の現在の精神状態について
⑴　精神障害の有無・程度（知的障害がある場合はIQの数値を含む）
⑵　被告人の意思疎通能力の有無・程度
⑶　被告人が弁護人の援助を得て訴訟上の防御を行う能力の有無・程度
⑷　前記各能力は、事件当時から現在までに変化したといえるか。いえる場合はその理由
3　その他、被告人に望ましい治療や社会復帰環境に関する参考意見

第2　請求の理由
1　被告人に中程度の知的障害があること
　被告人は、約13年前に「第2種知的障害者」の判定を受けているところ、記録によればIQの数値は平成13年当時54、平成19年当時で52と、

中程度精神遅滞が認められる。中程度精神遅滞がある場合、心神喪失疑い及び訴訟無能力疑いがあると言える。

2　責任能力鑑定（第1の1項）の必要性

（略）

3　訴訟能力鑑定（第1の2項）の必要性

(1)　訴訟能力の定義

　訴訟能力は、判例上、自身の訴訟当事者としての重要な利害を弁別し、これに従った相当な防御を行うことができる能力と定義づけられており、意思疎通能力及び事理弁識能力等を考慮して判断することになる。

(2)　各公判期日における被告人の言動

　被告人は、第1回公判期日において公訴事実に対する意見を求められると、「知らんよ」と呟きながら勝手にトイレに立った。第2回公判期日では、公訴事実についての被告人質問に対し、いつ・どこで盗んだかについて意味不明もしくは事実に反する応答に終始し、しかも途中で勝手にトイレに立つこと3度という、脈絡のない行動ぶりであった。以上は、裁判所に顕著である。

(3)　接見時の被告人の言動等

　そもそも被告人は、捜査段階における当弁護人との接見時、接見を「取調べ」であると認識し、当弁護人を「警察官」と認識している旨、述べており、自身を援助すべき弁護人を弁護人と認識することすらできていなかった。

　当公判廷での言動からも、被告人が、裁判官を手続主宰者と認識しているかも疑わしいことが明らかになったというべきである。

(4)　被告人の発達歴

　被告人には3歳の頃から知的障害が疑われており、義務教育課程の成績はすべて最低であること、授産施設でも適応できず現在に至るまで母親の庇護下にあること、前記手帳取得事実が指摘でき、その障害の程度は生涯を通じ軽くない。

(5)　結論

　以上によれば、被告人には中程度精神遅滞があり、現実見当識を著しく欠いており、①裁判所や弁護人と意思を疎通しようとの意欲もなければ、②刑事被告人として主体的に防御しようとの意欲もなく、よっ

て、意思疎通能力の観点からも事理弁識能力の観点からも、自身の訴訟当事者としての重要な利害を弁別し、これに従った相当な防御を行うことができるとはまったく認められないことから、訴訟無能力が疑われる。

　被告人については、速やかに公判を停止すべく、その前提として医師の意見を聞く必要があることから、第1の2項記載の鑑定が必要である。

4　結語

　よって、第1記載のとおり請求する。

以上

　他方で、接見状況をスマートフォンで撮影した動画で録音された会話について反訳書を作成していたが、悩んだ末、鑑定請求の資料としては添付しないことにした。勾留質問調書や被告人質問により被告人の言動については裁判所も十分把握できていると思ったからだ。また、拘置所の接見室内で弁護人が写真撮影したことに対し法務省から懲戒請求がなされているということと竹内国賠の判決内容*15も聞いていたので、慎重を期したいという気持ちもあった（なお、録画録音したかどうかは別にして、弁護人の体験として接見状況を報告することは、あってしかるべきである）。

　鑑定請求に際しては、長浜さんの身柄の早期解放を目指すべく、訴訟能力のみの鑑定を請求するべきか、あわせて責任能力の鑑定も請求するべきか悩んだが、結局、両方を請求した。

　私が鑑定請求を行ったのが、進行協議期日から3日後のことであったが、その翌日には、裁判所から鑑定が採用されたという連絡があった。

解説⑯　協力医の探し方

　協力医の探し方について種々の工夫がなされていることは、医療過誤事件などの民事分野、刑事分野を問わない。

　第一に、専門分野の見極めである。ひとくちに精神医学と言っても、

---

*15　前掲注*3参照。

統合失調症や躁うつ病といった一般的な精神疾患に強い医師から、児童発達の分野に強い医師、老年精神医学という分野もあれば、てんかんに特化した医師もいる。その事案で問題となる疾患が何か、持ち込むべき専門分野が何かを間違えないことがなにより重要といえよう。論文検索や所属学会の確認は、その一助となる。

　第二に、鑑定経験があることが望ましい。臨床に軸足を置く医師は鑑定経験が乏しく、そこで不測の攻撃を受けかねない（弁護人が援助すればなんとかなる程度の話ではあるが）。研究にも意欲的な医師が見つかればいうまでもない。

　近時は、医中誌、CiNiiといった文献情報検索も充実しているし、文献検索代行の民間業者もあるので、手間を惜しまず、これという候補にあたっていくことが可能である。また、学会やシンポジウム、勉強会などに積極的に参加して専門家とのネットワークを作ることも有用である。

【関係学会の例】

・日本精神神経学会（https://www.jspn.or.jp/）

・日本社会精神医学会（http://www.jssp.info/）

・法と心理学会（http://jslp.jp/）

・日本精神科診断学会（http://plaza.umin.ac.jp/JSPD/）

・法と精神医療学会（http://www001.upp.so-net.ne.jp/law-psychiatry/）

・日本司法精神医学会（http://jsfmh.org/）

・日本司法福祉学会（http://jslfss.org/）

・日本犯罪心理学会（http://www.wdc-jp.com/jacp2/）

・日本心理学会（http://www.psych.or.jp/）

・日本児童青年精神医学会（http://child-adolesc.jp/）
　※鑑定医の紹介制度あり

・日本思春期青年期精神医学会（http://jsaphp.com/）

・日本てんかん学会（http://square.umin.ac.jp/jes/）

・日本老年精神医学会（http://www.rounen.org/）

【文献情報検索サイトの例】

・医中誌（http://www.jamas.or.jp/）

・CiNii（http://ci.nii.ac.jp/）

【文献検索代行業者の例】

・サンメディア（https://www.sunmedia.co.jp/） ［金岡］

解説⑰ 国選と、協力医に要する費用

　国選事件において、法テラスの認める上限３万円の限度で協力医を活用する方法がないわけではない。事件に必要な診断を求めるのであれば、支出が認められているからである。複数弁護体制であれば、３万円×弁護人人数分まで、診断書料を支出できるということである。

　しかし、それ以上の費用を要するとなれば、裁判所による鑑定にすべてを委ねるか、自己負担、依頼者負担、任意の基金利用の選択肢しかなくなる。依頼者負担は、制度的に否定されているわけではないから、対価受領との関係で慎重に手順を踏めば、利用可能である。自己負担は万人が受け入れられる選択肢ではない（仮に自己負担するなら、その部分について法テラスに不服申立てを行い、問題性を世に問うことを勧める）。愛知県弁護士会等、任意の基金を確保し、国選費用に加えた助成を行っている単位会もあり、各自が所属する単位会でそのような制度があるかを調査するとよい。

［金岡］

解説⑱ 精神鑑定の活用幅

　精神鑑定は、実務的には責任能力鑑定が中心であるが、本件のように、訴訟能力鑑定つまり現在の精神状態の鑑定にも活用できる。さらに、犯行経緯の心理学的犯罪学的解明といった情状鑑定（狭義の犯罪心理鑑定）、今後の処遇を専門的に検討してもらう情状鑑定など、多岐にわたる活用幅がある。要は弁護人が持った疑問点、問題意識を専門家を活用して解明してもらい、訴訟の場に持ち込むということだから、その方法が特定の範疇に限定されるものではない。

　精神鑑定の多様な活用について論じた近時の文献として、日本弁護士連合会刑事弁護センター編『責任能力弁護の手引き』（現代人文社、2015年）第６章及び同書への精神科医、臨床心理学者、カウンセラーの寄稿があるので、参照いただきたい。

［金岡］

▮▮▮▮ 鑑定人尋問へ向けて

　その後、進行協議期日が指定され、鑑定事項と鑑定資料について三者で協議した。

　鑑定事項について、裁判所から、訴訟能力については、①被告人の意思疎通能力の有無・程度、②上記①の能力は本件犯行当時から鑑定時点に至るまで変化があるか、③上記②の変化があるとすればその原因は何か、という案が出された。

　私は、これに「被告人に本件犯行当時、精神障害が存在するのであれば、その病名及び内容」という鑑定事項を追加してほしいという申入れをしたところ、申入れのとおり追加されることになった。

　鑑定資料については、裁判所からは、勾留質問調書と被告人質問調書と主張書面の一部を鑑定資料とするという案が出されたが、私は、成績表、母親の陳述書、職場のケース記録、職場の同僚の陳述書を資料とすることを求めた。

　他方で、肘肩検察官は、捜査段階の供述調書を資料とするように主張した。結局、裁判所は、採用未了の証拠については、その旨を明らかにし、内容が真実とは限らないという注意書きを付して鑑定資料とすることに決めた。

　鑑定人には鳴滝病院の精神科医師楠本稲男が指定された。そして、鑑定人の宣誓のための期日が設けられ、第3回公判において、鑑定人である楠本医師の宣誓が行われた。宣誓が終わると、裁判長から、「当事者からは何かありませんか？」と聞かれた。私は、「弁護人としては、特に長浜さんの訴訟能力に問題があると考えています。長浜さんが裁判において適切に防御権を行使できるのかという点について、慎重に判断していただきたいと思っています。その際には、お母さんとの面談を行っていただき、これまでの長浜さんの生活状況を十分に踏まえたうえで判断をいただければと思います」と楠本医師に説明した。

　その日の期日はそれで終わり、その後、長浜さんに対し、鑑定留置の手続がとられ、精神鑑定が実施されることとなった。

解説⑲　未採用証拠と鑑定資料適格

　鑑定資料と裁判所の採用証拠とが不一致であると、裁判所の認定事実と鑑定の前提事実とが一致せず、その結果、鑑定の証明力の前提が失われるような場合が生じかねない。そのため、両者は一致することが望ましくはあるが、他方で、鑑定は審理途中で行われる（裁判員裁判では基本的に整理手続中に実施される）という性質があること、鑑定の結果が証拠採否に影響を与える関係性があること等から、完全な一致は不可能である。

　この問題は、とりわけ、信用性について争われる目撃証人の調書や被告人の供述調書をめぐって先鋭化するが、弁護人としては、まずは安易に不同意証拠を鑑定資料に加えないよう主張するとともに、鑑定資料に加えられる場合は信用性に疑義がある旨の書面を裁判所に提出し、訴訟記録に残すとともに明示的に鑑定人に伝達する、場合によっては条件分けによる鑑定を求めるなど、誤った事実関係に基づく鑑定が行われないよう対応する必要がある。

　鑑定人は、取調べの実態などまったく知らない場合もあることから、弁護人の問題意識を伝える手間、工夫を惜しまないことである。

［金岡］

解説⑳　鑑定人の宣誓期日に何ができるか、何をすべきか

　本来的には、鑑定人がふさわしい専門的知見を有しているかについて確認する場であるが、一見して専門性に疑問のある人物が鑑定人として採用される局面は基本的に生じない（実務上、人選には弁護人の意見も反映されることから、その段階でよほどの非専門家は排除できよう）ので、専門的知見の有無を弾劾する機会として活用されるわけではない。

　むしろ、本件のように鑑定人への注意喚起の場として活用されるのが一般的であろう。

［金岡］

▌▌▌▌▌ 鑑定人尋問の実施

　長浜さんが鑑定留置となって約３カ月が経過した後、裁判所から、鑑定人の作成した鑑定書が届いたという連絡があった。

　さっそく謄写に行ったところ、鑑定書はわずか２頁しかなかった。私は、思わず、「えっ？　これだけですか？」と書記官に尋ねてしまった。書記官は、「昔は鑑定書も厚かったのですが、裁判員裁判が始まってからはこのような簡略化されたものが多くなっていますね」と説明してくれた*16。

　私は、とりあえず鑑定書の内容に目を通した。

　鑑定書には、訴訟能力の有無についての結論は記載されていなかったが、内容としては、訴訟能力を欠くと十分に評価できる内容となっていた。

　他方で、責任能力については、随所に限定責任能力をうかがわせる記載があった。

　この鑑定書からも勝負の分かれ目は訴訟能力であることがわかった。

　私は、期日外で鑑定書を弁号証として証拠調べ請求した。検察官からは、不同意の意見が述べられ、弁護人の請求により鑑定人尋問が実施されることになった。

　鑑定人尋問に先立ち、カンファレンスが行われた。カンファレンスでは、裁判官立ち会いのもと、検察官、弁護人、鑑定医が進行協議室に集い、尋問時間や尋問の順序、主尋問では鑑定医にパワーポイントを作成してもらいプレゼンテーション形式で行ってもらうことなどが話し合われた。

---

*16　厚生労働科学研究費補助金（こころの健康科学研究事業）他害行為を行った精神障害者の診断、治療および社会復帰支援に関する研究（研究代表者：山上晧）の分担研究班のひとつである「他害行為を行った者の責任能力鑑定に関する研究（分担研究者：岡田幸之）」の主たる成果物として作成された「刑事責任能力に関する精神鑑定書作成の手引き」（平成18〜20年度総括版（ver.4.0））は、①精神鑑定をする精神科医という専門家の間で精神鑑定についての標準化を図り、②2009（平成21）年に開始が予定されていた裁判員制度における精神鑑定の実施に備えるということを課題に作成された。そして、②裁判員制度に備えるという課題に対しては、鑑定書が短い公判期日の中で証拠として採用され、さらに法廷で朗読される可能性もあるので、裁判員にも理解できるように、できるだけ簡潔で理解しやすいものである必要があるということが重要なポイントとして挙げられた。今日においては、上記手引きを参考に鑑定書を作成する精神科医の増加したこともあり、鑑定書も簡略化されたものが提出されることが多くなった。ただ、逆行する現象も見られるところであり、肝心なことは、鑑定意見を十分把握できるだけの資料の開示を求めていくことである。

その後、裁判官が、「それでは、ここで私は退席しますので、この後、当事者双方から個別に鑑定書の内容について質問を行ってください」と言われ、検察官、弁護人がそれぞれ質問をする時間が与えられた。

裁判官は、退室する前に、「当然、ご承知ではあると思いますが、当事者は、鑑定について、訴訟能力の有無や責任能力の有無に関する結論部分を鑑定人に直接尋ねるというようなことはしないでくださいね」と念を押すように話した。私は、鑑定書の記載からでは訴訟能力を欠くという結論に確信がもてないところがあったので、この機会に聞いてみようと思っていたので、思わず、はっとした表情をしてしまった。

裁判長は、私の内心を見透かしたように、私の方を見て、「それは、法律的な判断ですからね」と少し笑いながら説明をしてくれた。

個別の質問では、検察官が最初に鑑定人に質問し、その際は、私は別室で待機していた。

その後、検察官が退席し、弁護人からの質問のための時間が与えられた。私は、訴訟能力を中心に質問をした。楠本医師によると、長浜さんは、裁判手続について一種の罰を受けているというような認識であり、自分が裁かれているということを理解していない、敵・味方の区別ができていないため、弁護人が自分を助けてくれるという理解もない、有利不利の概念を理解できていない以上、不利なことを言わないように指導しても意味がない、黙秘権についても、有利・不利がわからない以上、理解はできないということだった。

私は、長浜さんが訴訟能力を欠くということを確信した。鑑定人尋問でも当然、結論部分を質問することは許されないだろうから、訴訟能力を欠くという法的な評価の前提となる事実をどれだけ確認できるかが勝負となると考えた。

最後に、私は、「もう1点だけ確認したいのですが、知的障害は回復可能性があるのでしょうか？」と尋ねた。楠本医師は、「"知的障害の知的能力は回復しない"ということは"生物は年月が経てば老化する"と同程度に確実性のある事実です」とゆっくりとした口調で語った。

私は、楠本医師の話を聞いて、訴訟能力喪失による公訴棄却という決定を勝ち取ろうと心に決めた。

解説㉑ カンファレンス

　カンファレンスという言葉は現在では多義的に使われている。司法研究『難解な法律概念と裁判員裁判』（2009年）では、大要、裁判所と両当事者の三者が一同に会したうえで、鑑定についての共通認識を形成し、三者が問題点を把握して裁判員にとってわかりやすい尋問の順序・方法や責任能力を判断するうえで必要な尋問事項を検討する場だとされている。

　この司法研究にいうカンファレンスについては、刑訴法上の位置付けが明確でなく予断排除原則に抵触するという批判が強く、特に弁護実務家からは根強い反発が唱えられている。鑑定内容に立ち入るカンファレンスは、予断排除原則に反するので拒否すべきである。

　逆に許容されるのは以下のようなものである。本件のように、尋問順序やプレゼンテーション方式を決定する程度のことであれば、さほど害もなく、意味がないでもないので受けてもよいであろう。ともかく弁護人としては、カンファレンスという運用が導入されていること、そこに反発が向けられている意味を、理解し、自身の事案でどう対処するか自覚的に検討を加えておく必要がある。また、実際にカンファレンスを行う場合は鑑定人に鑑定の結論を言わないことを確認することも必要である。

　カンファレンスについて言及した論文は、裁判所側で出しているもの、弁護実務家から出されているもの、複数あるが、後者のものとしては、たとえば金岡繁裕「裁判員裁判下の刑事精神鑑定――精神科医の刑事司法関与について」精神医療66号（2012年）、「カンファレンスの在り方」日本弁護士連合会刑事弁護センター編『責任能力弁護の手引き』（現代人文社、2015年）55頁を挙げる。

［金岡］

解説㉒ 鑑定人と裁判所との役割分担

　最判平20・4・25を踏まえて、生物学的要素が心理的要素に与えた影響の有無、程度までは鑑定人の意見が尊重されるべきものの、最終的に、心理的要素の事実認定は裁判所の専権であること、さらに当該

事実認定に基づき責任能力（や訴訟能力）についてどのような（法的）評価を与えるかは鑑定人の意見を徴求すべきでない、とする立場が、近時の裁判所の実務の趨勢であろう。

　もちろん、どの程度、意思疎通能力や防御能力が損なわれていれば、訴訟無能力と評価すべきかは法律判断であるから、異なった法律解釈を前提とするかもしれない鑑定人に、責任能力や訴訟能力の結論を問うことは混乱の原因ともなろう。しかし、鑑定人に対し、そのような法律判断にわたらない限りで、結論的な参考意見を求めることまで禁じられているわけではないはずである。ただ、異議に備え、精神障害とそれが事件に及ぼした影響の説明であることがわかるような質問にしなければならない。

[金岡]

‖‖‖ いざ、鑑定人尋問へ

　鑑定人尋問に先立ち、公務所照会により、楠本医師が鑑定の際に長浜さんから聴取した問診記録を取り寄せた。予想していたとおり、楠本医師からの質問に対しても、長浜さんはチグハグな答えしかできていなかった。

　鑑定人尋問の期日を迎えた。この裁判の天王山だ。私は、カンファレンスで確認した質問を繰り返した。特に、弁護人からの援助が長浜さんにとって意味をなさないということに重点を置いた。裁判所が1998（平成10）年の最高裁判決を踏襲して、弁護人からの援助により訴訟能力が補完されているというような判決を出しかねないことを危惧したからだ。

　楠本医師は、はっきりと、「残念ながら、彼には弁護人が自分のことを守ってくれるというような気持ちはないようです。彼が唯一、自分の味方だと思っているのは、彼のお母さんだけです」と述べた。また、長浜さんが自己の権利を擁護することができるかという点については、「彼には彼がこの裁判で話すことで自分の刑が重くなるということが理解できていません。知的障害者であっても、自分を少しでも良く見せようとか、嘘をついたり、隠しごとをしたりすることはあります。しかし、彼の場合は、そのような能力すらありません」と掘り下げてわかりやすい説明をしてくれた。さらには、黙秘権についても「黙っていろと言えば、瞬間的には黙っていることができるかもしれません。しかし、それがどのような意味があるかということは理解できませんから、

黙秘権など彼にとって意味がないでしょう」と述べた。

　その後、検察官の反対尋問が行われたが、検察官の質問は、訴訟能力よりもむしろ責任能力に重点が置かれていた。

　こうして、新人弁護士の初めての鑑定人尋問は、無事に終了した。

解説㉓ 鑑定資料を確認することの重要性と、その方法論

　鑑定人を弾劾するにせよ、有利に援用するにせよ、前提となる鑑定資料の取り寄せ、確認が不可欠である。最判平20・4・25が、鑑定の信用性を検討する重要な視点の一つとして鑑定の前提事実の正確性を挙げている以上、鑑定の前提事実が認定できる・できないが弾劾の要点であり、それは鑑定資料の緻密な検討によることになるからである。

　鑑定資料とされたものの取寄せは、鑑定依頼主体を通じた任意の取寄せが困難な場合、基本的に鑑定人に対する公務所照会により行うことになろう。メモ類が廃棄されないようにするには、事前に廃棄しないよう求め、かつ、鑑定後は速やかに公務所照会を申し立てることが賢明である。鑑定資料の中でも、検査記録や問診記録は被告人の応答部分を含むため、重要度が高い。問診記録については、録音を求めることも考えられるだろう。この点が逐語的に記録されていない場合、鑑定の前提に疑義が生じることはやむをえない。

　なお、鑑定書自体が簡略化されている場合でも、鑑定人によっては従来型の重厚な鑑定書も同時に作成していることがある。確認のうえで、そちらも入手しておくべきことは当然である。　　　　　　　　[金岡]

ⅠⅠⅠⅠⅠ 2度目の被告人質問

　鑑定人尋問終了後、裁判長から、「念のため次回期日において、再度、被告人質問を行いたいと思います」と告げられ、2度目の被告人質問が実施されることになった。

　私は、さっそく質問事項を検討することにしたが、その際には、楠本医師作成の問診記録が参考になった。

　問診記録では、精神科医が平易な言葉で聞き取りをしており、長浜さんが

どのような質問に答えられて、どのような質問に答えられないのかよくわかった。

　私は、質問事項について、長浜さんが訴訟当事者を理解できているのか、現在、自分の置かれている状況を理解できるか、黙秘権を理解できるか、といったことを中心に構成することにした。

　第4回公判期日の日がやってきた。被告人質問では、私は、「長浜さん、ここはどこですか？」という質問から始めた。これに対し長浜さんは、「裁判所」と答えた。

　私が、「長浜さんは裁判所で何をしているのですか？」と質問すると、長浜さんは「裁判」と答えた。

　続けて、私が「裁判では何を決めるのですか？」と聞くと、長浜さんは「……裁判は裁判……、裁判を決める……」と少し戸惑っているようだ。

　私は、「裁判を決めるというのはどういうことですか？」と聞いた。長浜さんは「裁判だから、裁判。そんなの知るもんね」と口調が荒くなった。

　そこで、「私は誰ですか？」と質問すると、長浜さんは「裁判官」と答えた。私が裁判官を指さして、「あの人は？」と聞くと、長浜さんは「裁判官」と答える。それから、長浜さんは検察官も書記官もすべて裁判官と答えた。

　私は、続けて「黙秘権って何ですか？」と聞いた。長浜さんは「そんなの知るもんね」とイライラしている様子で言った。私は、「長浜さんには、黙っていてもいい権利があるんですけど、わかりますか？」と言った。長浜さんは「知らんよ!!」と怒鳴りだした。立ったり、座ったりし始めた。私が「これ以上、あなたはしゃべると不利になりますから、これからずっと黙っていてくださいね」と言ったら、長浜さんは、黙って頷いた。私が、「確認ですけど、あなたはこの裁判で不利にならないためにはどうしたらいいですか？」と聞くと、長浜さんは「そんなの知るもんね」と言って、立ち上がった。長浜さんがそのまま出て行こうとすると、裁判長が「長浜さん、どうしましたか」と慌てて制止した。長浜さんが「トイレ」と言うと、裁判長は、その時点で休廷とした。私が尋問を開始してから15分しか経っていなかった。

　再開後は、私は、「黙っているのと、しゃべるのではあなたにとってどちらが有利ですか？」と尋ねた。長浜さんは「知らんよ」と小声でつぶやく。

　私は「長浜さんは、罪が軽くなってほしいと思っていますか？」と聞いた。長浜さんは「知るもんね」と答えた。

続けて「長浜さんは、どうして裁判を受けなければならないのですか？」と聞くと、「長浜さんは、どうしてとか、知らんよ、そんなの。あんたが決めたんでしょ」と答えた。

　さらに「長浜さんは、何でここにいるのですか？」と聞くと、「裁判でしょうもん」と答えた。

　私が「長浜さんは何か悪いことをしましたか？」と聞くと、長浜さんは「おにぎり盗った」と答えた。

　私が「どうしておにぎりを盗ることが悪いのですか？」と聞くと、長浜さんは「知らんよ、そんなの」と答えた。

　「では、何個おにぎりを盗んだのですか？」と聞くと、長浜さんは「２個じゃなかった。あんた知ってるでしょうもん」と答えた。やはり個数は、聞くたびに変わる。

　私は、罪体についても再度、聞いてみようと思い、「どこでおにぎりを盗みましたか？」と聞いた。これに対し長浜さんは「警察署」と答えた。

　「それは、いつですか？」と聞くと、「昨年じゃなかったかね」と答えが返って来た。

　私が「盗んだ時間は何時ごろでしたか？」と聞くと、長浜さんは「夜だったけど、知るもんね」と答えた。

　私は再度、訴訟能力の話に戻し、「おにぎりを盗んだことと、この裁判は何か関係ありますか？」と聞いた。すると、長浜さんは「知らんよ、俺に聞いても」と答えた。

　その後、私は、責任能力についての質問をいくつかしたが、やはり問いと答えがかみ合わない状態が続いた。

　反対尋問では、検察官は長浜さんから罪体について質問が続いたが、事件当時の状況を聞き出すことはほとんどできなかった。

　その後、裁判官からの質問が始まると、すぐに長浜さんは、「もうきつい」と大きな声で言い出した。裁判官が、「もう少しで終わりますから、あとちょっと我慢してくださいね」と言ったが、長浜さんは「もうきつい」と言って、泣き出してしまった。

　負野裁判官は、「困りましたね。仕方がありません、裁判所からの尋問は中止しましょう」と言った。

‖‖‖ 公判停止の決定

　期日はいったん休廷となり、長浜さんが泣きやむのを待ってから再開された。再開後、裁判長は、一呼吸置いてから話し始めた。

　「本日の被告人質問を受けて、長浜さんに対し決定を言い渡すこととしました。長浜さん、証言台の前に来てください」、裁判長はそう告げた。

　長浜さんは、証言台の前まで歩いて椅子に座った。

　裁判長は、「本件公判手続を停止する」と宣言した。

　私は、まさかこれほど早く公判手続が停止されるとは予想もしていなかったので、驚きと喜びで体が震えた。

　その数日後、検察官から公訴が取り消され、裁判所はその日に公訴を棄却した。

　私の記念すべき刑事事件第1号はこうして終了した。肘肩検察官は3月で転勤となり、その後、私と会うことはなかった。

第
2
部

裁判例を検討する

訴訟能力判断をめぐる
実務の動き

公判手続続行能力に関わる裁判例29件の検討から

指宿 信 成城大学教授

はじめに

　よく知られているように、日本では被告人の訴訟能力、すなわち「一定の
訴訟行為をなすにあたり、その行為の意義を理解し、自己の権利を守る能力」
についてこれを判断する基準に関する手がかりとなる最高裁判例が２つあ
る。１つは、訴訟無能力の場合の措置として刑訴法314条１項に定める公判
手続停止の「適用」を認めた1995（平成７）年決定（最三決平７・２・28刑集
49巻２号481頁。Ⅰ判例）であり、もう１つは、重要な利害を弁別し、それ
に従って相当な防御をする能力が著しく制限されていると認定された被告
人について、「弁護人及び通訳人からの適切な援助を受け、かつ、裁判所が
後見的役割を果たすことにより、これらの能力をなお保持している」として
訴訟能力を欠いているものではないと判示した1998（平成10）年決定（最
決平10・３・12刑集52巻２号17頁。Ⅱ判例）である。
　いずれの最高裁判例も訴訟能力の２つの側面、すなわち訴訟行為能力と
公判手続続行力のうち、後者の判断に関わる判例であり、特にⅡ判例は、
被告人のコミュニケーション能力を重視して当事者主義訴訟での自己を防
御する能力を自ら備えていることを基準とする「単独行使説」を退けて、弁
護人の援助や裁判所の後見機能を踏まえて判断すべきとする「後見擁護説」
を採用し、訴訟能力基準のハードルを低く設定した先例として知られてい
る。
　本稿は、1995（平成７）年のⅠ判例以降わが国で、訴訟能力判断基準が裁
判実務上どのように行われているかを調査する目的で、Ⅰ判例以後の公判

手続続行能力としての訴訟能力の有無が争われた事案を収集し、これを分析するものである。

　管見できたケースは、公刊物登載判例15件、未登載判例14件、合計29件である。そのうち公判手続が停止された、あるいは停止方向で原審が破棄されたものが8件、訴訟能力判断を回避し無罪としたものが2件あった[*1]。

　これまで個々の裁判事案について評釈や紹介が行われることは多いが、本稿のようにメタ分析を試みた研究はわが国には存在しない。その意味で本稿の独自性、新規性は高い。他方で、個々の事案で実施された鑑定意見書の収集と評価や、鑑定人に対するインタビューであるとか公判調書の収集分析といった経験的手法はとられておらず、司法精神医学の分野から見た場合に資料的な不足は否めない。そうした手法に基づく研究については今後の課題としたい。

　以下では、公判続行能力の欠損原因につき先発的原因（生来性を含む、事件以前に発生）と後発的原因（事件後に発生）の2つに分け、それぞれ判決書きで認定された事情や報道で伝えられた内容に基づいて裁判例を分類した。また、全事案について文末に表としてまとめ、出典等を示すとともに一覧性を高めた。

先発的原因

1　聴覚言語障害

　最高裁判例Ⅰにおいては、聴覚言語障害者でコミュニケーション能力が問題とされ訴訟能力の有無が争われた。類似事例としては収集事例中5件と多い。そのうち、公判手続が停止されたケースとしてはⅡの原審である

[*1]　判決文を入手できた事例以外で、Ⅰ判例以後に公判手続続行能力が争われ公判手続が停止された7件ものケースを新聞報道から確認することができた。そのうち、公判手続が停止された後に検察官による公訴取消で終結したケースは2件あった（毎日新聞2009年6月5日大阪朝刊29頁「若年性認知症：被告の公訴棄却──大阪地裁堺支部」、朝日新聞2013年12月30日朝刊26頁「認知症の男女、起訴取消──大阪地検堺支部」）。公判手続が停止された事案として最も著名なものは、2004年2月23日東京高裁で停止決定された薬害エイズ安部被告の裁判であろう（毎日新聞2004年2月23日東京夕刊1頁「薬害エイズ事件：安部英被告の公判停止を決定──『高齢で心神喪失』東京高裁」参照）。公刊物がこうした公判手続停止事案を収録せず、有罪判決に偏った収集をしていることは問題である。

❶事件そして❷事件、Ⅰ判例の差戻審である❻事件の３例があり、停止に至らなかったケースとして⓭事件が、また、検察官の公訴取消しにより公訴が棄却されたものとして❼事件がある。

❶事件の被告人は、被告人は常習として1987（昭和62）年１月21日に京都市内において行った窃盗事件について起訴された。被告人は、鑑定人によれば「知的水準が５歳以下の幼児段階にとどまる精神薄弱者であるとともに、理非弁別能力、自己防御能力、判断力において格段の低値にある知的水準の聾唖者」であるとされていた。

　一審裁判所は、被告人の経歴ならびに現在の状態について詳細な検討を加えた後、刑事責任を肯定し、「被告人が、黙秘権の意味や、捜査手続の意味、内容、その中における自己の立場等をどの程度理解していたかにつき少なからず疑問がある」として訴訟能力に問題があることを認めつつ、被告人は「捜査段階及び公判段階のいずれにおいても訴訟能力に欠けるところはないと認められる」と判断し、懲役２年の実刑判決を言い渡した（京都地判平３・10・22）。

　これに対して弁護人が控訴し、大阪高等裁判所は訴訟能力について「被告人としての重要な利害を弁別し、それに従って相当な防御をすることのできる能力をいう」とし、その程度については、「必ずしも被告人が単独で十分な防御をなし得る程度のものまでは求められず、弁護人、補佐人等法律上被告人を擁護すべき者の協力を得て防御をなし得る程度のもので足る」という単独行使説ではなく後見擁護説の立場を示したうえで、本件被告人には「一般的、抽象的な認識、思考能力がほとんど」ないため、「単独で右のような防御をなし得る能力を有しないだけでなく、防御上弁護人等の協力を求めるにしても、その前提となる意思の疎通がほとんど不可能な状態にある」と判断し、原審を破棄差し戻した（検察上告により前述Ⅱ判例となる）。

　かかる判断を行うにあたり裁判所は、社会的生活能力を考慮に入れないとして、「被告人が現在周囲の人々の援助のもとに一応自立して生活しており、ごく単純な日常生活に必要な能力を備えていると見られることは、右の判断に影響しない」と付言している。

❷事件の被告人は生来性の聴覚障害者で、聾学校高等部を中退している

が手話や指文字の習得はできていない。聾唖者の女性と結婚して一子をもうけたが離婚している。精神年齢は9歳6月程度で知能指数59ないし78と推定されている。犯行当時50歳で社会生活経験は豊富にあるが、黙秘権の理解は困難で意思疎通能力は5歳程度であると判断された。そのため訴訟能力が欠けているとして公判手続が停止されたものである。Ⅱ判例が登場する前であったため、概念形成が具体的動作的次元にとどまっているとして抽象的理解力、一般的概念の理解力が乏しい点が訴訟無能力判断に導いたものと評価できる[*2]。なお、被告人は2006（平成18）年2月に病死しており、山口地裁は被告人死亡によって公訴棄却とした[*3]。

❻事件はⅠ判例の差戻審で、公判手続停止の決定を行った。裁判所は、被告人について、「独自に工夫して、それなりの交信力を身につけて日常生活を営んでおり、相手が被告人の交信手段に合わせれば、被告人が直接経験したこと、目の前のこと、被告人にかかわる具体的な事柄等については、ある程度の意思疎通が可能」としつつ、「具体性を離れた一般的事象、抽象的な概念について、被告人との間で意思疎通を図ることは困難である」こと、「一般的抽象的な言語の次元では、"有利""不利"という概念を理解することはでき」ず、黙秘権を被告人に理解させることはできないこと、「被告人は、証人に対する質問及び質問に対する証人の供述のほとんどを理解して」いないこと、「裁判官・検察官・弁護人等の役割についても無関心であり理解して」いないこと等を指摘したうえで、被告人は被告人として重要な利害を弁別しておらず、それに従った相当の防御を行う能力を欠いていると評価して公判手続を停止するとしたものである[*4]。なお、本決定に対して弁護人は手続停止ではなく、直ちに手続を打ち切るべきだと主張して特別抗告を行ったが、最高裁判所はこれを棄却した。その後、検察官が公訴を取り消すまでの停止期間は約2年で、取消しの3カ月後に被告人は死亡した。

[*2]　未公刊のため、判決内容については判例Ⅱの最高裁判所判例解説の注9に依拠した。

[*3]　朝日新聞2006年3月23日西部朝刊「被告死亡、公訴を棄却　手話できず公判停止10年超──山口地裁」。

[*4]　拙稿「聴覚言語障害を理由とした訴訟無能力と手続打切り──米・加の裁判例を参考にして」判例タイムズ977号（1998年）15頁は同差戻審で行った専門家証言をもとにしている（後に拙著『刑事手続打切り論の展開』〔日本評論社、2010年〕に収録）。

❼事件は、先天性の聴覚言語障害者による殺人事件であるところ、「被告人は、生来の重度の聴覚障害にありながら満足なろうあ教育を受けていないため、手話通訳人による通訳を通じて会話することが困難で、また仮定的、抽象的質問を理解することができないなど、公判において訴訟行為をする能力がなく、今後その改善を期待することができない」として、公訴提起後10年を経て検察官が公訴を取り消したため、公訴棄却とされた事案である。

本件は、1988（昭和63）年7月に同居していた父親を暴行し殺害したとして逮捕、起訴された。しかしながら、起訴後2年近くを経過した1990（平成2）年5月29日に東京地裁八王子支部が、刑訴法314条1項を「準用」して公判手続を停止（判例タイムズ737号247頁）していたものである。同決定文によれば、被告人の障害の程度は、次のように当時評価されていた。すなわち、

> 一級障害者（両耳の聴力が100デシベル以上で、人が耳元で大声を発しても何の反応も示さず完全に聴力がない状態）と判定されており、教育については、戦時中の昭和18年ころから約2年間ろう学校に通学したのみで、捜査段階で行われた知能検査によれば、その精神年齢は8歳10月、知能指数（IQ）は59であり、精神薄弱（軽愚級）と評価され、意思伝達手段としては、ごく簡単な手話はできるが、十分な手話の技法が身についているとはいえず、平仮名、片仮名、数字及び簡単な漢字は書くことができるが、仮名と漢字との関係は全く理解されておらず、文字は単なる形としてのみ認識しているに過ぎないものと考えられ、筆談も十分にできないのみならず、発語や指文字もできず、その意思伝達能力は甚だ不十分

というのである。そこで、訴訟能力の有無を判断するために鑑定が実施され、鑑定書ならびに鑑定人尋問、被告人の法廷における供述態度等を総合して、「被告人は、自己のなした行為についての単純な罪悪感は認識しているよう」とその状態について印象を述べつつ、黙秘権という刑事訴訟手続において最も重要な権利のひとつについて被告人に理解させることは「不可能である」と認定している。

被告人は右のとおり意思伝達能力が不十分であり、被告人に対し手話により質問をしても、被告人は、これを疑問文として理解してこれに対応する回答を述べる訳ではなく、質問を単なる刺激語としてこれから連想される事柄を断片的に述べているに過ぎないもので、被告人に対しては 厳密な意味における会話は成り立たず、また、この不十分な意思伝達能力にも関係して、被告人の思考はその狭い経験の枠内にとどまり、抽象的な事柄は理解することができず、その中でも特に「もし……ならば、……してよい」などという仮定的な思考方法は全くできない

　そのうえで、被告人について訴訟手続を進めても手続の公正を確保できないため、心神喪失の状態にある者に準じて扱うとして刑訴法314条1項を「準用」するとして公判手続を停止していたものである。当時はまだ最高裁Ⅰ判例による同条同項の直接適用が示されていなかったため、準用と判示されている。
　このように、被告人の聴覚障害の程度ならびにそれに伴う知的水準の程度は相当低く評価されている。他方で、停止決定によれば、被告人は「これまでの社会生活経験等により、自ら日常生活は営み得る」と評価されているのであり、いわゆる社会適応能力はそれなりに備えていたとみられる。
　そうした被告人について、公訴取消しが相当期間途過後に検察官において求められた経緯や、いかなる医学的診断が示されたのかは決定文からは明らかではない。もっとも、本件取消しが最高裁Ⅱ判決の後に行われていることに照らすと、他事件との被告人の状態についての比較検討は重要な知見を与えることになると考えられる。判例登載誌の解説によれば、被告人は公判手続停止後にろうあ者専門施設に収容され、手話学習の機会等も与えられ、一般生活での使用には問題がなくなってきたようである。それでも、法律的専門用語や抽象的表現が不十分で、意思伝達能力も理解能力も捜査段階からの改善はなく、老人施設に移る経緯があったという（報道によれば逮捕当時53歳であるので、取消時には63歳程度と推定される）。こうした停止後の状態の観察により検察官は取消しを判断したものと考えられるが、その判断基準や医学的評価などの詳細も判断経緯も判然としないの

はやはり検察庁においてのみ判断が実施される公訴取消手続の有する問題点のひとつであろう。

❸事件は、スーパーの食料品売り場で696円相当の食品を万引きしたという事案であったが、被告人は生来性のろうあ者で、聾学校を中退したことからコミュニケーション能力を身につけていない重度の聴覚言語障害者であり、二次的精神遅滞者であった。裁判所は、手続の理解度について仮定的概念を理解させることは困難で、黙秘権の理解もほとんど不可能に近いと認めながら、Ⅱ判例に従って、意思伝達が可能であること、9回も同種前科で服役経験があり刑事手続に相当程度の理解を形成しうる経験があること、社会生活には支障がないこと、現行犯事案で防御方法が限られていて黙秘権の実質的侵害がないこと、弁護人との意思伝達が必ずしも重要でないこと、情状についても弁護人が十分な防御活動を行ったとして、一審の懲役2年、未決勾留日数中300日参入という判断（那覇地判平15・3・25平成13年（わ）第423号）を支持したものである。

被告人の前刑9回の服役経験を踏まえた本判決の評価について、過去の経験から手続を理解していたとしても「裁判上の意味と効果を認識理解しているかどうか」の検討がなされていないことを厳しく批判する渡辺教授の見解がある[5]。とりわけ、Ⅰ判例の差戻審である❺事件の公判手続停止の事案と比較すると、両事件の鑑定書を照らし合わせても本件被告人が❺の被告人より認識理解力が高いとは思えないとされる点は傾聴に値しよう。

また、判決は弁護人により情状の点で十分な防御活動が行われたと評価するが、当の弁護人自身は適正手続の保障という観点から問題があったと指摘する[6]。当事者の考える手続保障と、裁判所の観点からの被告人に対する弁護人による後見や裁判所による擁護についての認識との落差が大きく、

---

[5] 渡辺修「聴覚障害者と刑事裁判における訴訟能力の有無」甲南法務研究1号（2005年）23頁、26頁参照。

[6] 岡島実「あるろう者の窃盗事件から──刑事司法における障害者の適正手続と情報の保障を考える」福祉労働132号（2011年）75頁参照。本件の背景事情として被告人がむしろ被害者であり、雇い主と称する人物から障害者年金を搾取ないし詐取されていたことを指摘し、本来処罰されるのはそうした人物であることから、起訴あるいは公訴の追行自体が不適法とされるべきとする。また、同「聴覚障害者万引事件」障害と人権全国弁護士ネット編『ケーススタディ障がいと人権』（生活書院、2009年）328頁以下。

「後見擁護説」の限界を示した事案であるといえるだろう。

2　精神遅滞

❿は、犯行当時よりすでに中程度の精神遅滞、自閉症にあったと認められた被告人のケースである（知能指数50）。判決は、被告人の生育歴、前科前歴、捜査過程、公判廷での行動等について詳細な検討を加え、鑑定人による訴訟能力に疑問を呈する意見を踏まえつつ、「コミュニケーション能力は相当程度障害されている」ことを認めつつ、判例Ⅱの示した基準に従って訴訟能力評価を行って、「日常生活における社会的な適応力は完全ではないが、これを欠いていたとは認められ」ず、捜査段階では「犯行に及んだ動機」などについて「被告人なりの言葉で説明している」ことから、「刑事手続において自己の置かれている立場をある程度正確に理解し、自己の利益を防御するために相当な状況判断をすることができる」と評価し、黙秘権等についても実質的侵害はないとして訴訟能力を肯定したものである[7]。

❿事件は、小児自閉症と認められ知能指数40、精神年齢7歳2カ月程度で中程度の精神遅滞者である被告人について公判手続が停止された事案である。裁判所は、検察側によって主張された、精神遅滞の程度を判定した鑑定結果が信用できないこと、訴訟能力判定のためのスケールをアメリカ合衆国で用いられているものを使用したこと、鑑定人が訴訟能力欠如と著しい制限がある場合の区別をしていないこと等に疑問を呈する意見を退けて、次のような理由から訴訟能力を否定している。すなわち、被告人には言語的コミュニケーション能力がなく抽象的事柄の理解能力が欠けていること、質問に対する応答において誘導されれば架空の事件を認める発言をすること、検察官と弁護人を敵と味方と理解している一方でその役割について正確に理解しているとは認めがたいこと、黙秘権の具体的内容を理解することができないこと等である。

また、起訴前鑑定の段階ですでに「訴訟場面での状況の認識も困難であると思われる。すなわち、被告人には本件の訴訟遂行能力はないと考えられ

---

[7]　本件に関する評論として、金岡繁裕「選択性緘黙が問題となった裁判員事例」季刊刑事弁護69号（2012年）169頁（本書第4部所収）参照。

る」としながら「法律上の『訴訟能力』がないという意味でもない」と記載されていることについて是認できないと異例の評価を与え、公判手続を停止した*8。

なお、7年を経過した2013（平成25）年になってさいたま地検川越支部が、被告人に回復見込みがないとして公訴を取り消し、公訴棄却により事件は終了している（㉗）*9。

3 精神分裂病・統合失調症

➓事件は、犯行以前から精神分裂病を発症していたと推測されるケースである。裁判所は、犯行時における被告人の状態が心神耗弱の状態であったとする弁護側主張を退け完全責任能力を認めるとともに訴訟能力があると認めたが、判決文中、その認定について具体的な理由は示されていない。

➔事件は、統合失調症により措置入院経験のある被告人が、措置解除後に事件を引き起こしたものである。弁護人は責任能力を争ったが、一審（京都地判平18・2・27）は完全責任能力を認めて懲役18年に処した。その控訴審が本件である。大阪高裁は詳細な責任能力の検討を行い、限定責任能力と判断し心神耗弱として破棄自判した。その際に、訴訟能力についても判断を加えており、原審公判期日への不出頭は自身の判断で行っていたと見られること、証人による不利益な内容の供述に対する反論を原審で行っていたこと等を考慮して、「被告人としての重要な利害を弁別し、それに従って相当な防御をすることのできる能力を有して」おり、心神喪失の状態に当たらず原審には法令違反はなかったと判示した。

㉑事件は、犯行時において統合失調症に罹患していた可能性が高い被告人につき、一審が完全責任能力を認めて有罪としたところ、弁護人は控訴審において原審当時、被告人の訴訟能力が欠けており公判手続を停止すべきであったとして争われたものである。裁判所は、鑑定書を踏まえて、訴

---

*8 北潟谷仁「所沢事件における訴訟能力」季刊刑事弁護65号（2011年）173頁（本書第4部所収）参照。

*9 朝日新聞2013年3月9日朝刊「公判停止8年、ようやく棄却——知的障害の被告」参照。

訟能力が完全に保持されていないことは認めつつ、被告人が自己の置かれている状況を理解していること、裁判内容や質問を理解していること、事件前後や事件の記憶についても大枠において保持していること、被告人が異常な言動を示したこともないこと等を理由に、自己の立場等を十分理解しており防御のために弁護人と意思疎通を取ることも可能で、重要な利害を弁別し、それに従って相当の防御をする能力をなお保持していると認めて、訴訟能力の問題は原審に生じなかったと断じたものである。

4 知的障害・発達遅滞

❷事件はいわゆる「東金事件」「東金女児殺害事件」として知られるものであり、殺人既遂事件であっただけに大きく報道された[*10]。被告人は精神発達遅滞（軽度）と診断され、中学3年時には障害程度Bの2（知能指数が51以上75程度、日常生活において介助を必要とする程度の状態）と判定されている。

捜査段階における鑑定と弁護人依頼による私的鑑定の結論が真っ向から対立していたところ、裁判所は独自の鑑定を実施することなく、次のように判断した。すなわち、被告人の表現能力には一定の制限が認められるものの、弁護人をはじめとする関係者とのコミュニケーションに支障が生じている様子がないとした捜査段階の鑑定を参考にしつつ、捜査段階において自己に不利となる事実か否かをある程度判断してその判断に基づいた対応をとることができていたこと、医師との面接においても裁判官や検察官、弁護人の存在を理解し、判決の結果によっては刑事施設に収容される可能性があることを理解したやりとりがあったこと等から、被告人が訴訟行為の内容及び自己の立場を理解するのに必要な能力を十分に備えており、黙秘権が実質的に侵害されているような状況にもないとした。

そのうえで弁護側鑑定の主張について、理解能力や表現能力には一定の制限があることを認めつつ、訴訟能力の有無については一般的・抽象的・

[*10]　たとえば、佐藤幹夫『知的障害と裁き――ドキュメント千葉東金事件』（岩波書店、2013年）。当初の弁護人によるものとして、副島洋明「知的障害者の事件について考える 東金女児殺害事件の弁護人から見た真実(1)(2)(3)」創39巻2号126頁・同3号110頁・同4号104頁（いずれも、2009年）。新たな弁護人によるものとして、大石剛一郎「精神科医療の事件ファイル(7)東金事件裁判レポート」精神医療65号94頁（2012年）参照。

言語的な理解をする能力ないし意思疎通能力までは必要ないというべきとして避け、被告人は、被告人として重要な利害を弁別し、それに従って相当な防御をする能力、訴訟能力を有するとした*11。

❷事件は、統合失調症と診断され措置入院も経ていた被告人が公共の場所で女性に対して衣服の上から人に不安を覚えさせるような方法で身体に触れた、いわゆる迷惑防止条例違反事件であるが、裁判所は以下のような認定に基づいて、鑑定を実施しないまま被告人には訴訟能力が備わっているとの判断をおこなっている。すなわち、公判において質問に対して応答しなかったり、拘置所への移送前から発語がなくなるなどの行動が見られてきたが、これらを作為的で意図的なものと評価し、拘置所においても意思表明を適切に行いうる状態にあったとして、被告人が十分な訴訟能力を備え自己の意思に基づいて発語しない態度を貫いていると認定した。

❷事件は、知能指数51で中等度と軽度の両方にまたがっている被告人が選挙ポスターを毀棄したことで、選挙妨害を行ったとして公職選挙法違反事件で起訴されたものである。当初簡裁に起訴され略式命令が出されていたが被告人が正式裁判を請求したため、地方裁判所に移送された。

裁判所は、鑑定人の鑑定書ならびに証言を踏まえたうえで訴訟能力を検討した。すなわち、判例Ⅰ及びⅡを踏まえて、鑑定人が「訴訟能力に、一般的・抽象的・言語的な理解能力ないし意思疎通能力を要求する見解」に立っているとして、裁判所はそうした見解を採用できず、具体的・実質的・概括的な理解能力ないし意思疎通能力で足りるとする立場から検討を行うとしたのである。

裁判所は、被告人のこれまでの生活歴や現在の生活状況に照らすと、中等度の知的障害があるといっても社会生活能力が大きく制限されていないことを指摘し、訴訟手続の理解力については、刑事裁判が初めてであることから自己の置かれた状況や立場を理解しているとは認めがたく、黙秘権についても何を述べると不利になるのかなどについてよく理解していると

---

*11 本事件のような知的障害を抱えた被告人に訴訟能力を認める以上、取調時から公判時に至る支援が徹底して必要であることを、佐藤・前掲注10書は訴える。

は言い難いとした。他方で裁判所は、公判審理に関する質問を裁判長にするなど自己が置かれている立場をある程度理解しているものと認められるとして、裁判長が適宜平易な言葉で訴訟行為の意味や公判進行について説明してきたこと、被告人がそれらを理解していることを確認してきたことに触れ、加えて、公判において裁判官に対して自己の言い分を話すことができており、反省や後悔の態度を示すことが有利に働くことを理解していると推認できるとした。

　また、裁判所は、弁護人による援助と裁判所の後見的役割についても検討を行い、国選弁護人が複数選任され弁護人を含む訴訟関係人との意思疎通に決定的な支障を生じていないとの前提から、意思疎通に困難があったとしても弁護人からの援助について「越え難い壁があったとは認められない」と評価した。そして最終的に、被告人としての重要な利害を弁別し、それに従って相当な防御をする能力が著しく制限されてはいるが、欠いているものではないとして刑訴法314条1項にいう「心神喪失の状態」にはないと断じた。

後発的原因

1　精神疾患

　❸判決は、公判手続が停止されていた事案について、30年近く経過した後に訴訟能力が回復したとして公判が再開され、事件当時被告人は心神喪失であったとして責任能力が否定され無罪判決が下されたものである。

　被疑事実は1966（昭和41）年2月11日に発生した窃盗事件と同月13日に起こった警察官殺害事件であったところ、被告人は起訴後、拘置所に勾留中に精神状態が悪化、犯行時ならびに公判時の精神状態について鑑定が実施された。1970（昭和45）年に至り、裁判所は被告人を精神衛生法（当時）に基づいて措置入院させることを前提に同年2月4日、被告人の勾留を取り消し、3月20日に刑訴法314条1項本文に基づいて公判手続を停止していたものである。その後、1994（平成6）年10月に至って検察官より「現在の精神状態が審理に支障のないものと思料される」との上申書が提出されたため、裁判所は新たに現在の精神状態について鑑定を実施、被告人が訴訟能力を回復した状態に至ったと認めて同年6月18日に公判手続停止の決定

を取り消し、同月21日に公判を再開した。

　再開された公判では、停止によって生じた遅延が憲法の迅速裁判の保障に違反するか否かが争われたが、裁判所は、本件の著しい長期化の原因が被告人の病気にあったこと、停止の以前に証拠調べがほとんど完了していたこと、責任能力に関する点について証拠が存在しており審理中断による防御上重大な不利益が生じていないこと等を指摘したうえで、手続打切りについては慎重を期すべきと論じ、最終的に手続打切り相当とする状態には至らなかったと判断した[*12]。そして、公訴事実については上記の中断前の証拠に基づいて精神分裂病が進行して行為の制御能力が欠けていたと認めてその責任能力を否定し無罪としたものである。

　❺は、1995（平成7）年に見ず知らずの2名を刺殺し殺人事件等により起訴されていた被告人が、犯行時には統合失調症により心神耗弱であったとする起訴前鑑定により公判請求されていた事案である。1996（平成8）年3月25日の第2回公判期日から公判手続の停止に関する審理が行われていたところ、1997（平成9）年3月28日の第7回公判期日において、裁判所は、被告人には精神分裂病の症状に加えて軽度の精神遅滞や多発性脳梗塞の疑いがあることから訴訟能力を欠き心神喪失の状態にあると認定し、その状態が続いている間、刑訴法314条1項により公判手続を停止するとした。

　停止後も被告人の症状について検察官が入院先に問い合わせるなどしてその把握に努めていたところ、2011（平成23）年11月18日に裁判所は主治医に訴訟能力と回復可能性及び犯行時の責任能力に関する鑑定を命じ、2012（平成24）年9月25日付けで鑑定書が出された。その結果、被告人は妄想型統合失調症に加えて認知症を発症しており、両者の影響から重度の精神遅滞に陥っていてコミュニケーション能力に問題があるほか、介助を必要とする状態であってその能力の回復は期待できないとの鑑定書が出された。そこで裁判所は、検察官に対して公訴取消しを検討するよう促したが、検察官は別の医師による鑑定書を提出するなど、公訴の取消しに反対の意見書を提出した。そのため裁判所は被告人の状態に関する検証や、被害者遺族の意見陳述等を実施し、以下のとおり公訴棄却の判断を行った（❷❽）。

[*12]　この点、拙稿「もぎたて判例紹介」法学セミナー507号（1997年）108頁を参照。

すなわち、まず前提事実として、公判手続停止以後、約17年にわたって被告人の訴訟能力の回復が認められなかったこと、71歳と高齢で日常生活を維持する能力も重篤に低下していること、検証の結果、言語的にも非言語的にもコミュニケーションが成立せず、黙秘権の理解はおろか人定質問すら成立する状況になかったこと等を確認したうえで、被告人の訴訟能力の現況について次のように判断した。

　①被告人は、公訴事実や裁判の進行、訴訟関係人の役割を理解して、重要な情報や資料を弁護人に提供することは不可能、②被告人は、人定質問に答えて黙秘権の意味を理解して罪状認否を行うことができない、③被告人には、証拠調べにおいて採用された証拠の内容を理解して反証活動を行うことが期待できない、④被告人は、検察官の論告や弁護人弁論、宣告された判決内容の理解も甚だ困難、だと評価した。

　そして、被告人に対して実施された2人の精神鑑定がおおよそ以下の点について認定していたとまとめる。すなわち、⑤被告人は統合失調症に罹患している、⑥被告人に脳萎縮による認知機能の障害が生じている、⑦被告人に意思疎通能力がほぼ完全に失われ理解力が実質的に失われている、⑧慢性化した統合失調症は非可逆的で、治療にもかかわらずその症状は悪化している、⑨脳萎縮による認知機能の低下により被告人に訴訟能力はなく回復の見込みもない、というものである。

　裁判所は、鑑定人2人が長期にわたって被告人を観察してきたことから、これらの専門家の診断について「もはや動かし難い事実といえるほどの高い信頼性を有している」と評価し、Ⅰ判例を引用しつつ前記「単独行使説」ではなく「後見擁護説」の立場をとったとしても、上記の認定された事実に加え2件の鑑定書を踏まえると、「被告人に訴訟能力はなく、その回復の見込みはないことは明らかである」と判示した。また、検察官による新薬や治療法発見の可能性を否定すべきでないとの主張についてもこれを「机上の空論」であるとして退けた。

　そのうえで、被告人の訴訟能力回復の見込みがない場合のとるべき措置について論じ、「裁判所が自らの手で手続に終止符を打つことができないとすることは、訴訟手続の主宰者である裁判所の役割と相容れるものではない」との司法権論の見地、刑訴法314条1項の趣旨についてこれを被告人の地位を無期限に強制することを許容する趣旨ではないとの解釈論、そして、

Ⅰ判例で千種裁判官から示された補足意見を引用して「被告人の状態等によっては、手続を最終的に打ち切ることができると考えられる」ため、「検察官が公訴を取り消さない場合、裁判所が公判手続を打ち切ることは、訴訟手続の主宰者である裁判所の責務である」とする手続打切り論等を根拠に、「公訴提起後に重要な訴訟条件を欠き、後発的に"公訴提起の手続がその規定に違反したため無効"になったもの」として刑訴法338条4号を準用、直ちに公訴棄却の判決を言い渡すとした（検察官控訴）。

　本判決は、公判手続続行能力としての訴訟能力を欠いたケースについて裁判所が手続を打ち切った事案としてⅠ判例の原々審[13]以来の判断であり、とりわけ前述の補足意見が示されたⅠ最高裁判例以後では初めての判断であることから、上級審の判断が注目されている[14]。

　⓮事件は、精神科通院歴のあった被告人が、診断書では人格障害はなく完全責任能力があり、精神鑑定においても精神分裂病（統合失調症）ではなく覚せい剤精神病と診断されて完全責任能力が認められた事案である。訴訟能力についても検討が行われており、公判での被告人質問において質問の意味を考えながら応答していること、最終陳述において弁護人が主張していない有利な情状事実を自ら指摘していること、鑑定人に協力的態度であったことやその応答の態度、被告人が大学法学部に在籍したことがあり刑事法に関する知識に基づく発言を行っていること等を勘案して「訴訟能力に欠けるところはない」と認めた。しかしながら、Ⅱ判例の示したような理解力の程度や裁判所等による後見的役割の効果、事件の難易度といった点についての評価言及は行われていない。

　⓰⓱⓲はそれぞれ、いわゆるオウム真理教の教祖とされた被告人が、地

---

[13]　岡山地判昭62・11・12判時1255号39頁。

[14]　同判決に対する評釈として以下参照。中島宏「被告人の訴訟能力と刑事手続の打切り」法学セミナー717号（2014年）128頁、伊藤睦「精神疾患のため17年間公判が停止されていた被告人につき、訴訟能力の回復の見込みがないとして手続を打ち切った事例」新判例解説Watch刑事訴訟法96号（2014年9月）を参照。名古屋高裁は2015（平成27）年11月16日、同判決を破棄し、一審に差し戻した（現在、上告中）。高裁判決につき、暮井真絵子「訴訟能力の回復見込みがないとして公訴棄却した原判決を破棄、差し戻した事例」季刊刑事弁護86号（2016年）119頁参照。

下鉄サリン事件他のオウム真理教所属の信者が行った事件についてその首謀者として起訴された事件の控訴審、異議審、特別抗告審である。控訴審❶は、被告人が公判の途中より不規則発言を繰り返し退廷させられたり、弁護人との接見時に異常な行動をとるなどしたため、複数の鑑定人による訴訟能力鑑定が実施され、「高度の痴呆状態に陥っている」、「拘禁反応によって訴訟能力を欠いている」、「審理に必要とされる現実の認識に乏しく、弁護人との関係を維持する能力が欠落した状態にある」、「意思疎通が全くできないことから訴訟能力はないと考える」とする見解と、「状況に即した様子、態度の合理的な使い分けをしているので、心神喪失状態ではない」、「実際にコミュニケートをする能力はあり、訴訟を進めることを望んでいないが訴訟能力を失っていない」とする見解に分かれた。

　裁判所は、Ⅰ判例を引用のうえ、訴訟が開始された当初段階において相当高度の防御能力を有していた点に着目し、不規則発言等の行動について「精神の異常を示すものではない」こと、拘置所での日常生活における振る舞いも拘禁性精神病を発病したとまで評価できないことを根拠に、当初備えていた高度の防御能力が低下していったことは認めつつ、その減弱が訴訟無能力状態である「最低ぎりぎりの線までに落ちていた」などということはないと評価して原判決の死刑判決当時に被告人には十分な訴訟能力が備わっていたことに疑問の余地はない、と判示した。

　❶異議審も被告人が現在、完全に正常な精神状態にあるとは断言しておらず、治療によって改善可能であることは指摘しつつ控訴趣意書提出期限徒過についてやむをえない事情がないことを理由に控訴棄却決定はやむをえない、とする。

　❶特別抗告審も控訴棄却判決ならびに異議審決定を正当として是認できるとした。

2　逆行性健忘症

❶事件は、交通業過致死傷事件の被告人が、事故後に記憶を喪失、すなわち逆行性健忘症を発症したところ、弁護人が刑訴法314条1項を類推適用して公判手続の停止を求めた事件の控訴審判決である。裁判所は、「所論のような解釈を採るとしても」防御に著しい不利益が生じていると認められない場合にまで、公判手続を停止すべきものと解すべき理由はないとの立

場から検討を加えた。その結果、検察官請求書証に被告人側がすべて同意していること、客観的事実関係が検察官請求証拠により概ね明らかになっていること、事故当時の状況以外について被告人は供述すべきことを述べていること等から防御に著しい不利益は生じていないと断じ、控訴を棄却した。

本判決は、Ⅱ判例の示した具体的な訴訟能力判断基準を用いることができず、周辺的事情から訴訟能力を肯定している。すなわち、逆行性健忘症のケースにおいては弁護人とのコミュニケーション能力に問題がないだけでなく、通常の社会生活能力や一般的な抽象的理解能力においても問題はない。また、黙秘権等についても理解可能でそうした権利行使も表面上は問題が生じない。それだけに、記憶が欠落した事件前後の事情を説明できないことが公訴事実に対する防御能力にどの程度影響を与えたかを検討する必要があったところ、本判決は公判に関わる諸事情から訴訟能力を判断しようとした。裁判所としては、刑事責任能力を有する被告人については、客観証拠から罪責の証明が十分な事案であるとしてこうした手法をとったと思われるが、記憶を欠落した被告人においては事実に関する弁解のみならず、情状事実についても争うことは期待できないわけであり、こうした手続を進めることはあまりに職権主義的に過ぎるように思われる[*15]。

3 身体機能障害

❹事件は一審判決宣告期日の2日前に発生した脳内出血で入院、判決期日が延期され、およそ1年半後に判決を宣告したところ、控訴審において原審結審時に既に訴訟能力を欠いていたとして争われた事案である。被告人は判決の2日前に脳内出血を起こし手術を受けたが、その後遺症により脳実質の破壊病変が残存、重度の右片麻痺、右体性感覚鈍磨が認められ、発語量の低下や知能指数の低下、言語表出の障害が発生し、失語・失算及び重篤な失書、加えて学習能力の低下や知能・意欲・注意・持続力などにも障害が現れた。原審においても鑑定が行われたが、高等裁判所は鑑定人による再度の鑑定を行い、原審及び控訴審を通じて訴訟能力に「重大な疑問があ

[*15] 詳細については、拙稿「逆行性健忘と訴訟能力」岩井宜子古稀『刑法・刑事政策と福祉』（尚学社、2011年）150頁以下を参照。

る」とした。

すなわち、被告人は原審発症当時、判決の大意さえ理解することが著しく困難であったことから、刑訴法176条の「耳の聞こえない者又は口のきけない者」に該当するとして原審裁判所は専門家を通訳として選任し、判決の適切な伝達方法を行い被告人に判決の趣旨を理解させる措置をとるべきであったのにとらなかった点に違法があり、判決に影響を及ぼしたと断じた。

4　拘禁反応

❽は、外国人被告人の事例であるが、第1回公判より起立しなかったばかりか裁判長からの呼びかけにも対応せず、陳述もしなかった。最終意見陳述の機会にも応答がなく審理が終結している。犯行当時について裁判所は完全責任能力を認め、器質的病変や精神分裂病等の兆候もなくヒステリー性拘禁反応が生じたと考えられるとする鑑定人の診断に基づいて、公判時是非善悪の弁別能力は有しており意思発動性が低下しているものの、「被告人として重要な利害を弁別し、それに従って相当の防御をする能力はなお保持していると認められる」とした。

❾事件は、第1回公判以後に不審な挙動がなされ、第12回公判の最終弁論の意見陳述の機会にも応答しなかった被告人について、精神鑑定の結果、精神分裂病が否定され脳器質性疾患も考えられず心因反応性の拘禁反応であるとして、是非善悪の弁別能力はあるが意思発動性に乏しく行動能力に欠けると評価し、訴訟能力について「心神喪失の状態」にまでは至っていないとした。

㉖事件は、タクシーの無賃乗車（詐欺罪）で起訴されたが、公判時には拘禁精神病水準の拘禁反応を呈していたところ、訴訟能力の有無が争われた。被告人は弁護人らとの接見をほとんど拒否し、意思疎通のできない状態が続いていたが、鑑定人医師によれば、当初被告人の症状は詐病として始まっていたものの、勾留による心理的負荷が原因となって明確かつ重篤な妄想、幻聴ないし幻視、独語、空笑、拒食、昏迷などの症状が現れていて、拘禁反応があると診断された。

裁判所は法廷における被告人の観察を通じて、被告人には自己の立場の

理解があり、訴訟関係人の役割等について一応の認識もあり、以前の被告人の弁解内容にも照らすと、被告人としての基本的な利害を弁別し、それに従って相当な防御をする能力を欠く状態にまでは至っていないと認めた。

5　認知症

❷事件は高齢被告人の関わる事件であり、高齢化社会における今後の日本の刑事司法の姿を象徴する事案といえる。

被告人は犯行時においてすでに96歳であったが、公判時において歩行に困難をきたして介護が必要な状態となり、家族との面会についても記憶がなくなり、公判廷でも異常な行動が見られるようになった。弁護人から刑訴法314条1項にいう「心神喪失の状態」にあるとの主張がなされたため、裁判所は鑑定を命じた。鑑定によれば、被告人がアルツハイマー型認知症であり、その程度が重度であることが明らかになった。

裁判所は訴訟能力について検討を加え、鑑定人が被告人の訴訟能力について「著しく侵害されているが欠如していない」状態と「欠如している」状態とを区別した上で本件被告人が前者であると評価していないこと、被告人が社会生活上合理的な判断を行う能力が低下しており、訴訟活動を適切に行う能力は弁護人の助言があったとしても極めて低いとの評価をしたことを踏まえ、次のように判示した。すなわち、本件被告人が「いかなる援助があったとしても」公判で得られる情報を記憶として保持しそれを自分の中で処理して自己の行動を決めていくということは困難であること、犯行当時や前後の自身の行動、感情などを適切に振り返る能力も著しく障害されていること、見当識障害が発生しているため日付や場所等の認識に障害があること、注意力集中力に欠けているため弁護人の助言を有益なものにすることが非常に困難であること、嫉妬妄想が活発で思考障害が著しいこと等の観察を行い、被告人には刑事裁判の被告人としての重要な利害を弁別し、その判断に従って相当な防御をする能力が欠如していて、弁護人や裁判所の後見的役割をもってしてもそれを補うことが困難であるため刑訴法314条1項にいう「心神喪失の状態」にあって訴訟能力を欠くとして公判手続を停止した。

なお、裁判所は、付言して「審理のどの段階で被告人の訴訟能力が完全に欠如するに至ったかはともかくとして」と述べて、認知症が公判中に進行し

た場合の訴訟能力判断の困難さに言及しているところが注目される[16]。

❷事件も同じく高齢者による犯罪である。

被告人は犯行当時81歳であったが、コンビニエンスストアにおいて弁当1個を窃取し、被害店の店長により現行犯逮捕された。捜査段階において実施された簡易鑑定によれば、被告人は精神疾患を有しないとされたものの、健忘とパーソナリティの偏りが指摘された。弁護人依頼の鑑定人によれば、被告人はアルツハイマー型認知症に罹患していることが明らかとされた。被告人は犯行前に要介護認定1の判定を受けて介護保険サービスによる訪問介護を受けていた事実があり、同種万引きによる前刑窃盗罪懲役1年の受刑経験を有していた。弁護人は訴訟能力を争ったものの、裁判所は、黙秘権等の権利への理解ならびに検察官・弁護人の役割についての基本的な理解があること、被告人が訴訟関係人からの質問に概ね趣旨に沿った応答をしていることを理由に、被告人は十分に意思を伝達することができているとして、被告人が重要な利害を弁別しそれに従って相当な防御をする能力があると認めた。ただし、裁判所は弁護人との意思疎通の程度や弁護人による防御活動の効果、裁判所の後見的役割については検討を行っていない。

なお、裁判所は、量刑においては再犯の防止のために刑務所内の矯正教育に委ねるのではなく、すでに区において受入れ体制作りが行われていることを考慮して被告人には福祉支援を得ることが適切であるとして、実刑を回避して罰金50万円を言い渡している。

6　詐病的評価

⓳事件は、殺人事件の被告人に対する控訴審事案であるが、拘置所では職員の制止に従わず合計10回も保護房に収容されるなどし、控訴審の全公判期日に出頭せず、弁護人との接見も拒絶、一度も行われなかった。控訴審において鑑定が実施されたところ、被告人の精神状態は慢性のアルコー

---

[16]　本件評釈として、拙稿「アルツハイマー型認知症の影響により被告人が刑訴法314条1項の心神喪失の状態にあるとして公判手続を停止した事例」法学セミナー増刊速報判例解説8号（2011年）213頁参照。アルツハイマー型認知症が不可逆的な症状であることと被告人の高齢を踏まえて、停止の意味が乏しく回復可能性のない本件は手続を打ち切るべき事案であったと述べる。

ル摂取による脳器質損傷が存すると思われ、拘禁の影響が加わってかかる行動が現れたものと考えられた。他方で、被告人の鑑定関係者に対する態度と、そうでない者に対する態度に大きな乖離が存在し、「演技的なニュアンスを拭えない」として訴訟能力が保たれていると評価されている。そのため、裁判所は被告人において自己が裁判を受けていることの認識があると認め、精神的能力及び意思疎通能力に欠けるところはないと判断、原審同様控訴審においても訴訟能力が認められるとした。

検討

1　理解能力・意思伝達能力をめぐって

(1)　伝統的な立場

　この考え方は、伝統的にわが国の刑事訴訟法学で長く通説的見地にあったもので、訴訟能力を意思能力と同義に解する立場である。「具体的・概括的理解能力説」(本稿では「意思基準説」と呼ぶ)と呼ばれ、一般的・抽象的・言語的な理解能力や意思伝達能力までは必要としないという立場で、具体的・実質的・概括的な理解能力ないし意思伝達(疎通)能力で足りるとする。

　「自己の訴訟上の権利を防衛する事実上の能力」(平野)[17]とか、「重要な利害を理解し、それに従って相当な防御をする能力」(団藤)[18]、「自己の利害を判断し、かかる判断に従って意思を決定し表示しうる能力」(平場)[19]などと定義されてきた。民事訴訟における訴訟能力では、これが純粋に当事者主義であるところ、行為能力まで必要とされるが(民事訴訟法28条以下)、刑事訴訟法ではそこまでの能力を求めず意思能力で足りると解されてきたので、意思基準説と呼びたい。

(2)　新しい立場

　これに対して、近時、当事者主義の考え方を推し進め、被告人が自己の置かれている立場や各訴訟行為の意味について理解し、黙秘権等の権利内容について、一般的・抽象的・言語的な理解能力ないし意思伝達(意思疎通)

---

[17]　平野龍一『刑事訴訟法』(有斐閣、1958年)73頁。

[18]　団藤重光『新刑事訴訟法綱要〔7訂版〕』(創文社、1967年)112頁。

[19]　平場安治『改訂刑事訴訟法講義』(有斐閣、1954年)93頁。

能力を必要とする立場で、「抽象的・言語的理解能力説」(本稿では「意思疎通説」と呼ぶ)とも呼ばれる。近年、学説は多くこの立場をとっており、被告人のコミュニケーション(意思疎通)能力を重視する点が特徴的である。たとえば、「被告人が訴訟の状況を理解し、防御上必要なコミュニケーションを行う能力」(松尾)とか*20、「防御の主体として他の訴訟関係人に働きかけるなどのコミュニケーションが正常に行える能力」(白取)*21、「被告人の訴訟能力にはコミュニケーション能力を含む」(田口)*22などと定義されている。

意思疎通説の代表的論者である後藤昭教授は、訴訟能力が「意思疎通能力・理解力・判断力」によって構成されるとされ、理解力とは訴訟行為の意味とその法的効果を理解している力をいい、判断力とは自分の問題として合理的かつ主体的に訴訟に関わる利害得失を衡量できる力を指すとする*23。

また、飯野海彦教授も、当事者主義における訴訟主体としての被告人を重視し、訴訟能力の本質は「意思能力」と「意思疎通能力」の両面から構成されると捉え、これを訴訟能力の主観的側面と客観的側面であると位置付けられ、とりわけ公判廷における訴訟能力有無の判断においては、この意思疎通能力が主要な役割を果たすことを強調された*24。

今回の調査では、下級審においてこの意思基準説と意思疎通説の対立が見られることが明らかになった。たとえば、前者に立つものとして⓬⓭㉓㉕などが認められる一方、❻❼⓳などで意思疎通説に立った理解能力を基準とするものが見られた。

この点、最高裁Ⅱ判例が「抽象的、構造的、仮定的な事柄について理解したり意思疎通を図ることが極めて困難であるなど、精神的能力及び意思疎通能力に重い障害を負ってはいる」被告人について、黙秘権の実質的侵害がないことなどから訴訟能力が欠けたものとまではいえないと判断したこと

---

*20 松尾浩也『刑事訴訟法〔上〕〔新版〕』(弘文堂、1999年)227、317頁。
*21 白取祐司『刑事訴訟法〔第7版〕』(日本評論社、2012年)39頁。
*22 田口守一『刑事訴訟法〔第5版〕』(弘文堂、2009年)184頁。
*23 後藤昭「被告人による控訴取下げの効力が争われた一事例」千葉大学法学論集7巻1号(1992年)159頁。
*24 飯野海彦「訴訟主体としての被告人の訴訟能力」町野朔古稀『刑事法・医事法の新たな展開(下)』(信山社、2014年)461頁。

から、意思疎通説が否定されたかのような解釈も示されてはいたが、同判例が明示的に意思基準説を採用したとまでは断定できないところ、下級審判例においてこうした分裂が生じているものと思われる。

2　手続的保障について

同じく、最高裁II判例は、訴訟能力の有無を検討するには被告人単独での防御活動を判定するのではなく、弁護人の援助や裁判所の後見的機能を加味して判断するべきとの「後見擁護説」を明示した。そのため、各事例を眺めると各裁判所はそうした観点に立って被告人の訴訟能力を判断しようとしているようである。

ところが、事案の中には当該裁判において鑑定人を求めず自らの判断においてかかる認定を行っているところ、手続的保障の観点から重大な問題であると指摘せざるをえない。❹事件のように再度の鑑定を控訴審が行うケースもあればあまり裁判所の職権主義的判断であることに自覚のないケースも散見される。

たとえば、㉓事件、㉔事件などでは鑑定を行わないで訴訟能力ありとの判断を行っているが、こうした進行は後見擁護説という職権主義的アプローチと矛盾するように思われる。裁判所が被告人の防御能力にまったく問題がないというのであればともかく、理解能力や表現能力に問題があることを認めていた㉓事件では職権による鑑定が実施されるべきではなかったかと思われる。

3　訴訟無能力のレベルについて

最高裁II判例が、原審（❶事件）を破棄するにあたり、「被告人としての重要な利害を弁別し、それに従って相当な防御をする能力が著しく制限されてはいるが、これを欠いているものではなく、弁護人及び通訳人からの適切な援助を受け、かつ、裁判所が後見的役割を果たすことにより、これらの能力をなお保持している」としたことから、訴訟無能力との判定が示されるレベル、すなわち相当な防御をする能力が失われた程度というのが基準として示されたところである。

この点、下級審判例では訴訟無能力についてこうした表現が多用されているものの、必ずしも一貫した基準が提示されているわけではない。たと

えば「防御に著しい不利益」（**⓯**事件）が生じていないことを訴訟能力肯定の論拠としているものもあれば、**❼**事件では「黙秘権を理解させることは不可能」で「手続の公正を確保できない」レベルにあることを訴訟無能力認定の根拠としていた。

4 回復可能性について

　公判手続停止後になって、検察官による公訴取消しが行われたケースは複数見られるが、取り消されない場合に回復可能性が正面から争われた事案としては**㉘**事件に限られる。そのため、わが国では未だ被告人の訴訟無能力原因についてその回復可能性をめぐる十分な蓄積ができていない。

　しかしながら、少なくともⅠ判例の千種補足意見が打切り可能性を示唆していたところ、そうした権限の有無をめぐる論議の時代はすでに終わりを告げ、具体的回復見込みに関わる基準論、判断方法が検討されるべきであろう。

おわりに――今後の課題

　以上のとおり、最高裁判例後のおよそ20年にわたる下級審における訴訟能力判断に関する実務を概観したわけであるが、その職権主義的傾向は顕著であり、学説上有力に主張されているコミュニケーション能力についてはほとんど考慮されない。他方で、その判断方法や判断基準、また判断手続については、一貫性を欠いたり、手続保障の観点を欠いたりするなど裁判の公正という面では課題を多く抱えているように思われる。その理由は、被疑者段階において心神喪失、すなわち訴訟能力が疑われる場合には検察官によって不起訴処分とされていて多数の事案が公判廷に現れないことから、裁判所としても公判手続で再度、訴訟能力を検証する必要性について乏しく考えるきらいがあるのかもしれない。

　しかしながら、認知症の事案は言うに及ばず、拘禁症状から先発型の要因が被告人の状態に影響を及ぼすことも少なくないところであり、公判段階での訴訟無能力主張については明確な手続と基準を用いて対処すべきものと思われる。裁判官においてはこの問題にまだ無理解である場合も見られることから、刑事訴訟規則において314条に関する細則としての整備が

望まれる。

　また、Ⅱ判例の示した訴訟能力の内容についても、これが聴覚言語障害者の被告人に関するものであったことを踏まえて、本稿でまとめられた多様な原因や経緯に果たして十分に対応可能な考え方であるのか再検討が必要なように思われる。聴覚言語障害は「先発的原因」の一種であるが、訴訟能力が争われるケースは「後発的原因」を含めてさまざまである。たとえば、社会生活能力や適応能力にまったく問題のない逆行性健忘の事案と、そうした点で著しい影響を伴っている拘禁反応や認知症の場合を同列に取り扱うことは、被告人に対して公正な裁判を提供する裁判所の責務から考えたときに問題が大きいように思われる。

　さらに、高齢者の認知症の場合など、公判手続を停止する意味がそもそも備わっていないと思われるケースにあっては、直截な手続打切りの可能性も検討されるべきものと考える。今回調査した事案の中でも❷事件などを検証すると、そうした印象を強く残していると感じられた。

【表】平成7年3月以降で公判続行能力が問題とされた事例一覧

	裁判所・裁判日	登載判例集	罪種	結論
❶	大阪高決 平7・12・7	判タ918・263	常習累犯窃盗	破棄差戻し、上告破棄
❷	山口地判 平7・12・20	公刊物未登載	住居侵入、強姦未遂	公判手続停止
❸	京都地判 平8・11・28	判時1602・150	殺人・強盗殺人未遂ほか	無罪（心神喪失）
❹	名古屋高判 平9・2・10	高検速報（平9）・105	恐喝	破棄差戻し
❺	名古屋地岡崎支決 平9・3・28	公刊物未登載	殺人	弁護人申立て、公判手続停止
❻	岡山地決 平9・7・8	公刊物未登載	窃盗	公判手続停止（後、公訴取消し、公訴棄却）
❼	東京地八王子支決 平10・12・24	判タ994・290	尊属傷害致死	公訴取消後公訴棄却（公判手続停止事案）
❽	東京地判 平12・2・16	公刊物未登載	監禁致傷、強盗致傷	有罪
❾	東京地判 平12・10・31	公刊物未登載	殺人未遂	有罪
❿	東京高判 平13・4・26	東高刑時報52・1～12・26	殺人	控訴棄却・有罪

⑪	仙台地判 平14・3・29	公刊物未登載	強盗致傷、強姦未遂、強制わいせつ	有罪
⑫	新潟地判 平15・3・28	公刊物未登載	強盗未遂	有罪
⑬	福岡高那覇支判 平16・2・3	高検速報（平16）189	常習累犯窃盗	控訴棄却・有罪
⑭	横浜地判 平16・5・25	判タ1183・341	現住建造物放火、住居侵入他	有罪
⑮	東京高判 平18・3・14	東高刑時報57・1～ 12・9	業務上過失致死	控訴棄却・有罪
⑯	東京高判 平18・3・27	判時1956・10、 判タ1232・141	殺人、殺人未遂、死体損壊、逮捕監禁致死ほか	控訴棄却
⑰	東京高決 平18・5・29	判時1956・7、 判タ1232・139	殺人、殺人未遂、死体損壊、逮捕監禁致死ほか	⑯の異議申立。棄却
⑱	最決 平18・9・15	判時1956・3、 判タ1232・134、 裁刑290・367	殺人、殺人未遂、死体損壊、逮捕監禁致死ほか	⑯の特別抗告審。棄却
⑲	さいたま地川越支決 平18・10・12	判タ1246・345	暴行	公判手続停止
⑳	大阪高判 平20・7・23	刑集63・11・2873	殺人、殺人未遂ほか	破棄・有罪（心神耗弱）
㉑	名古屋高判 平20・9・18	高検速報（平20）177	窃盗、殺人、傷害	控訴棄却・有罪
㉒	佐賀地決 平21・10・16	公刊物未登載	傷害	公判手続停止
㉓	千葉地判 平23・3・4	公刊物未登載	未成年者略取、殺人、死体遺棄	有罪（後、控訴棄却・上告棄却）
㉔	大阪地判 平23・7・20	公刊物未登載	迷惑防止条例	有罪
㉕	佐賀地判 平24・2・21	公刊物未登載	公選法違反	無罪（心神喪失）
㉖	東京地判 平24・2・29	公刊物未登載	詐欺	有罪
㉗	さいたま地川越支判 平25・3・6	公刊物未登載	暴行	公訴棄却（公訴取消） ⑲事件
㉘	名古屋地岡崎支判 平26・3・20	判時2222・130	殺人	公訴棄却（公訴取消なし）
㉙	東京簡判 平26・9・4	公刊物未登載	窃盗	有罪（罰金）

訴訟能力に関する
刑事裁判例研究

金岡繁裕 弁護士

研究の目的

　この２年ほどの間に担当した刑事事件の中に、知的障害のある被告人の事件（金岡「障害を正しく理解する裁判を目指して」季刊刑事弁護41号〔2005年〕96頁ほか）や、現在進行形で統合失調症の悪化が認められる被告人の事件があり、訴訟における被告人の防御能力すなわち訴訟能力について考えさせられることが増えた（本稿は2006年執筆である）。弁護人は、法律の専門家として被告人の利益を全力で守るべき立場にあるが、その前提として、被告人自身の利害関係の判断が先行するのが通常であり、被告人の係る判断が与えられない場合、どれほど弁護方針の策定に苦慮するか、身をもって味わったと言い換えることもできる。

　しかし他方で、被告人と膝を交えることのない裁判所から見れば弁護人が援護することで訴訟上の防御が可能と見えるのかどうか、必ずしも裁判所と弁護人とで、本来一義的に定まるはずの訴訟能力について認識が一致しない。

　そこで、今回、あらためて訴訟能力が問題とされた裁判例若干数を取り上げ、裁判所の判断傾向を知ることで、今後の弁護活動の一助としたいと考えた。すでに20年前の裁判例であるが、最高裁1995（平成７）年２月28日決定の調査官解説でも、訴訟能力に関する法曹関係者の認識の甘さに警鐘が鳴らされているが（本論文「最後に」参照）、一部の弁護士や研究者を除き、このような事態は依然として変化がないようにも思われ、問題点に沿って関連する裁判例をまとめておく価値もあると思われる。

なお、「障害」の表記については異論もあるところであるが、原則的にこの表記に統一した。

取り上げた裁判例と概観

　1985（昭和60）年以降に出された公刊物掲載の裁判例から、訴訟能力を取り上げた15の裁判例を収集・分析した（対象裁判例は本論文末尾に掲載。以下、数字は裁判例を示す）。意見にわたる部分はもとより私見である。

　結論についてみると、訴訟能力を肯定した裁判例は9例（事案3489⑩⑫⑬⑭⑮。ただし、9については中間的な判断である）、否定した裁判例は6例（125 67⑪）であった。審級間で結論を異にしたものも2例（46と7⑩）あった。

　また、訴訟能力に疑問を抱かせた事情についてみると、いわゆるいん唖者についての裁判例が6例（1257⑩⑪）、知的障害についての裁判例が右との重複を含め5例（79⑩⑪⑮）、同じく精神病の領域についての裁判例が2例（8⑫）、その他の裁判例が5例（346⑬⑭）であった。当然のことながら、先天的ないん唖者が二次的に知的障害を併せ持つようになったと見られる事案も含まれている（7⑩⑪）。

訴訟能力の概念と程度

1　訴訟能力の定義
　この点については、複数の最高裁判例が出されており、判例実務上確定している。

　すなわち、最高裁1954（昭和29）年7月30日決定や5が判示するところによれば、「被告人としての重要な利害を弁別し、それにしたがって相当な防御をすることの出来る能力」をいう。

2　弁別すべき「重要な利害」
　この内容について一般的に判示した裁判例はないが、多くの裁判例において検討されていることから、黙秘権の意味や上訴取下げの意味がこれに含まれることは明らかといえる。

また、**15**では、弁護人や裁判官など訴訟関係の役割理解にも言及されており、かかる事項も「重要な利害」に含まれるといえる。

　10では、「検察官の立証内容や訴訟の成り行き等の大筋」への理解も要求されているが、他方、争点の単純さを訴訟能力を肯定する方向で認定している裁判例も見られる（**10 15**）ことから、程度問題と思われる。

3　「相当な防御」

(1)　刑事裁判においては、基本的に必要的に弁護人が付されることから、被告人の上記防御はこれとの兼ね合いで検討されている。

　すなわち、**7**が、「弁護人、補佐人等法律上被告人を擁護すべき者の協力を得て防御を為し得る程度のもので足ると解する」と判示するのがそれである。**7**は、上告審である**10**で破棄されているが、それは、協力を得る前提を成す、被告人が弁護人等への助力を求めるだけの意思疎通能力を有しているか否かという事実認定において判断が分かれているためであるにすぎない。

(2)　さらに、裁判所の後見的役割をもって上記防御を補完することも認められている（**10 15**）。

　この点で興味深いのは、質問の方式や答えの選択を工夫することを挙げ、また、実際審理の進展に伴い被告人の対応が充実していることを認定している**15**である。訴訟能力もやはり法的概念であり、最終的には裁判所に委ねられるべき判断事項とはいえ、法律の専門家にすぎない裁判所が、被告人の対応が真に充実していっているか否かを見極められるのかどうか疑問が残る。

　また、**9**では、「訴訟能力が完全に失われたものではない」としながら、判決宣告を即座に理解できない被告人に対し通常の朗読によって判決を宣告した原審判決を破棄しており、裁判所の具体的な後見的役割の一例を示したものである。

(3)　いずれにせよ、刑事訴訟の基本概念に対する理解については、それが訴訟行為の判断の根幹を成すだけに、安易に助力・後見による防御可能性を肯定することは危険といえる。

　その意味で、**2**が、「弁護人の訴訟活動と裁判所の後見的役割に強く期待せざるを得ないところ、黙秘権告知の制度が重要性をもつことはもとより、

その他の各訴訟手続についても、単に解釈によって補うことは被告人の防御権、刑事訴訟手続の中で被告人が固有に有する権利を充分行使し得るか否かについて疑問が多」い、として慎重な姿勢を示していることには賛成できる（**2**は、上告審である**5**でも維持されている）。

4　防御をすることの出来る「能力」

(1)　**9**について上で引用したとおり、訴訟能力の程度は相対的に捉えられるものであり、完全に失われていれば格別、そうでない場合は、しかるべき補完方法があり、かつこれが実施される限りにおいて、訴訟能力は否定されないと考えられているようである。

　6の最高裁決定は、「自己の権利を守る能力を著しく制限されていたものと言うべき」としか認定しない一方で訴訟能力を否定しているが、これは、訴訟能力の程度に関する要求水準を緩和したものではなく、しかるべき補完方法がなかったことないしそれがとられていなかったことによるものと思われる。

　このように、裁判所には、訴訟能力の著しい制限を認定する以上これを補完する具体的方法を説示し、それを実施することが求められているというべきであり、そのような判示なしに安易に訴訟能力を肯定することは許されない。すでに引用した**2**が、刑事訴訟への基本的理解についての補完に慎重な姿勢を示していることはこの観点からも意義深いし、他方、**10**の最高裁決定が特に補完方法を示さず訴訟能力を肯定した点には疑問が残る所以である。

(2)　なお付言するに、訴訟能力の有無・程度は、一般的・抽象的・言語的な理解能力ではなく、あくまで当該訴訟における具体的・実質的・概括的な理解能力があれば足りるとする裁判例がある（**15**）。

　黙秘権や訴訟関係人の役割については、一般的抽象的な理解を要求せざるをえないとしても、事案が複雑か否かにより当然必要な防御能力も異なるのであるから、その限りでこのように相対化することも許されると考えられる。

　やや観点が異なるが、拘禁反応に基づく妄想等を認めながら「訴訟行為等の意味を理解して行為する上で障碍となるような性質、内容のものではない」として訴訟能力を肯定した**4**に対し、「その精神的苦痛から逃れること

を目的として本件控訴取下げに至ったものと認められる」として訴訟能力を否定する逆の判断を示した上告審である**6**も相対化の一例であるといえる。**4**は一般的・抽象的な理解能力を問題とした（一応、控訴取下げの経緯についても言及されているが、実際に問題とされた控訴取下げ当時の判断については推測の域を脱していない）が、**6**は具体的・実質的な判断能力を問題としたからである。

　ただし、この問題について比較的詳しく論じた、最高裁1995（平成7）年2月28日決定の調査官解説を紹介しておくと、「訴訟空間という実生活空間とは異なる非日常の世界において要求されること、それ故、言語的コミュニケーション能力や概念的思考能力などが決定的に重要とされることである（最高裁判所判例解説49巻12号365頁参照）」とあり、むやみに相対化することは禁物である。

訴訟能力に疑問が生じた場合の手続の流れ

1　この点については、先例として位置づけられる**5**の最高裁決定により解決済みと考える。

　すなわち、訴訟能力に疑問が生じた場合、裁判所には、刑訴法314条4項に基づき医師等の専門職の意見を聴取して訴訟能力の有無について審理を尽くす義務があり（「訴訟能力の有無は訴訟手続を主宰する裁判所の職権調査事項であるから、訴訟能力に疑いのある場合には、裁判所は、この点について審理を尽くさなければならない」〔最高裁判所判例解説49巻12号365頁〕）、これが認められない場合は原則的に公判を停止すべきことになる。

　法の文言に反し、医師「等」としたのは、被告人の意思疎通能力が大きな問題となるこの種事案においては、精神科医師のみならず、心理学者や通訳人の専門的知見が要求される事案もありうるからであり、**5**においても「ろう教育の専門家」が挙げられているとおりである。

　また、「原則的」というのは、訴訟能力が認められず、その回復見込みがまったくない場合には、検察官の公訴取消しを待たずして公訴棄却を選択し、訴訟を打ち切ることも可能という趣旨であろうが、訴訟の打切りは、冤罪事件において疑惑を雪ぐ機会を被告人から奪うことになる等の重大な効果を持つものであるから、その性質上慎重に判断されなければならない

といわれている（**2**や**5**における千種裁判官補足意見参照）。

　なお、公判が停止されれば、被告人は被告人たる地位から解放されないという点において問題は残るものの、治療機会を得ることができることはいうまでもない。

2　検察官が公訴を取り下げた例としては、**11**がある。

　この事案においては、被告人は、先天的な聴覚障害者であるがろう教育すら受けておらず、仮定的抽象的質問の理解も不可能であったことから、公訴提起後10年を経て控訴が取り下げられたものである（公判停止決定の有無、時期は不明）。

3　対照的に、公判停止後26年して訴訟能力の回復を認めた例として、**8**がある。

　統合失調症に罹患した被告人の事案であるが、病状の緩解により意思疎通能力も通常程度まで回復したという点を取り出せば訴訟能力が回復したとの判断に至ることも理解できるが、一方、同事案において実施された鑑定では、犯行当時の事情について被告人に想起させることは病状への著しい障害となるとも指摘されており、病状を悪化させてまで訴訟に耐えさせなければならなかったのかは疑問が残るところである。

4　上記千種裁判官の補足意見を引くまでもなく公訴棄却には慎重でなければならないし、取り上げた裁判例が少ないため一般的に公訴棄却すべき基準や時期を検討することは困難であるが、先天的聴覚障害者や精神遅滞者のように、長期にわたる訓練によっても刑事訴訟手続という特異な世界における対応能力にさしたる改善が期待できない被告人と、**8**のような治療反応性のある精神病に罹患した被告人とで別異に解すべきことは指摘できよう。

裁判例の判断傾向と若干の考察

1　いわゆるいん啞者が被告人の事案

(1)　先天的な聴覚障害等があり、かつ、戦後の混乱期等を通し十分なろう

教育を受けられなかった被告人について訴訟能力が争われた事案は多い。

(2) このような被告人については、そもそも通訳可能性が問題とされることになる。

　社会において、一定の支援を受けながら日常生活を営めるいん唖者は多いが、それは多分に、必要に迫られ長期にわたる実践から体得された能力であろうから、刑事訴訟という特異な世界において、その専門的概念を短期間で通訳できるようにすることは難しく、そうであれば訴訟行為の内容理解や被告人としての立場の理解は覚束ないであろう。

　まったくろう教育を受けていない被告人について、「国語に通じていない者」として要通訳事件に擬し、有効な通訳能力が見当たらないとした**1**や、「言いたくなければ黙っていてよい」ということが伝達しえないとした**2**、その上告審である**5**が参考になる。

(3) 上記のような被告人については、さらに、二次的精神遅滞に罹患していることがままある。そのような場合、仮に意思疎通が成立しても、十分な内容理解が得られるかという問題が生じる。

　意思疎通能力についての認定を異にし、審級間で判断の分かれた**6**と**10**についてはすでに紹介したとおりであるが、**10**が「日常生活への適応」や「前科経験」を挙げて刑事訴訟手続への相応の理解を認定していることには疑問が残る。

　2の広島高裁岡山支部判決が説示するように、社会内での生活能力と訴訟能力とはまったく別次元の問題として把握されるべきであるし、わずか数回の前科経験（つまり刑事裁判を受けた経験）により刑事訴訟手続への内容理解が培われるとも思われないからである（裁判所が、前科経験を理由に訴訟能力に疑問すら抱かない実態が時に見受けられるが、**10**の最高裁決定がその一因であるかもしれない）。**10**に破棄された**2**の大阪高裁判決も、被告人が一応自立した生活を営んでいる事実は訴訟能力を否定した判断を左右する事情ではないと説示するが、此方に正当性を感じる。

2　知的障害者が被告人である事案

(1) 知的障害者の訴訟能力については、とくにいん唖者である事案を除くと、争われた裁判例は乏しい。知的障害者について、その行動制御能力の乏しさを指摘して責任能力を問題とした事案は古くからある（古いところで

は、たとえば、水戸地裁1958〔昭和33〕年9月13日判決は知能程度が境界域の被告人について完全責任能力を認め、他方、吉井簡裁1959〔昭和34〕年1月22日判決は知能及び道徳的感情がいずれも6歳児程度の被告人について責任無能力と判断している如くである）が、そのような事案でも訴訟能力について争われていないことには奇異の感を禁じえない。

　ともかく、知的障害者については、抽象的概念への理解能力の乏しさや限界性に加え、被暗示性・易誘導性等、適切な防御を行うことへの障害が山積している。海外では中程度以下の精神遅滞者について一律訴訟無能力とする文献もある由であり（回復見込みに乏しく、公判停止が公訴棄却へと繋がりやすいだけに慎重姿勢にはやむをえない側面があるとしても）、再考の余地が大きい分野と思われる。

⑵　今回取り上げた中では、すでに検討した❷及び❿のほかでは、⓯と❾とがある。

　⓯は自閉症を伴う被告人であるから評価が難しいが、「精神的能力が就学期以前程度」等と認定されていることからすれば、基本的に訴訟能力が認められない事案ではなかったかと思われる。判決理由中でも、被告人の「鸚鵡返し」の傾向や、不適切な尋問方法などが率直に認められており、訴訟関係人の工夫により補いえた限界事例と見るべきであろう。

　❾は、脳実質の破壊病変等により知能指数が大幅に低下して60台に至った被告人の事案であり、精神作業持続性などにも若干の障壁があるため判決宣告に工夫を要すると判示されており（残る訴訟手続は判決宣告のみであった）、被告人の防御能力への判断や補完方法について参考になる。

3　精神病等に罹患した被告人の事案

⑴　知的障害者事案について述べたのと同様、統合失調症等の精神病に罹患した被告人の事案についても、責任能力が争われる事案は多々あるが、訴訟能力まで争われる事案は乏しく、今回取り上げた中でも❽と⓬との2例があるのみである。

　事件当時急性期であっても公判中は小康状態である場合なども考えられ一律には批評しづらいが、病体が遷延し、破瓜型慢性像を呈する統合失調症患者についてよく感じる、心の不通性（プレコックスゲフュール）を字義どおり解釈すれば、被告人が弁護人の助力を得て防御を行うのは困難であ

ると言うと、乱暴な議論であろうか。

(2)　**12**は、統合失調症に罹患した被告人の控訴取下げの有効性が争われた事案であるが、現実検討能力の低下は認められたが中等度か軽度であったとして、訴訟能力が肯定されている。

　また、**8**についても、主として意思疎通能力が回復したとの理由により訴訟能力の回復が認定されている。

　いずれについても、統合失調症が進行した段階で感じる意思疎通の違和感（上記で指摘した心の不通性）等には言及されていないようである。

(3)　なお、**8**は、訴訟能力鑑定の鑑定項目に過去の事実の想起能力が挙げられているようである。過去の事実の想起能力は、事件当時の主観的要素が争点となることの多いこの種の事案においては被告人の防御能力の中核的要素というべきであるから、一般に言われている意思疎通能力と判断能力以外にも訴訟能力の構成要素を見出したものと評価できると思われる。統合失調症患者の妄追想と、訴訟能力との関係についてはこの観点からの考察が必要と考える。

4　その他の理由により訴訟能力が争われた事案

(1)　その他の理由により訴訟能力が争われた事案は5例あった。

　うち、意思疎通が困難な状況は詐病であると認定されたのが**13**である。

　また、死刑判決等により動揺してはいたものの意思疎通能力を欠いているものではないとして訴訟能力を肯定したものが**14**、同様の動揺によっても判断能力を欠いているものではないとして訴訟能力を肯定したものが**3**である。

　13はともかく、**14**と**3**とを並べてみると、より正当であるのは、意思疎通能力より判断能力を問題とした**3**であろう。一般に訴訟能力が争われてきたいん唖者の事案では、特定の訴訟行為をする・しないの判断の前提となる、正しい情報を得たり、弁護人に相談したりする意思疎通能力が先に問題となり、意思疎通に問題がない事案であってはじめて、具体的判断能力が問題となるからである。

(2)　上記の各事案では、また、**4**では、被告人に知的障害や精神病所見、心因反応のないことが訴訟能力を肯定すべき事情として取り上げられている。

そこで念のため指摘しておくと、訴訟能力を否定する場合に、知的障害や精神病所見等の広い意味での精神疾患の存在が前提とされるものではない。見解は分かれるがこれら精神疾患を前提として議論されることも多い責任能力概念と、訴訟能力概念とはまったく別個の概念である。

4を破棄した上告審である**6**は控訴取下げの有効性が争われた事案であるが、その判文を読む限り、妄想様観念以外に被告人を控訴取下げへと導いた原因は見当たらない（そして、妄想様観念自体は**4**も認定している）。にもかかわらず、**6**では、妄想様観念下で思い詰め、その精神的苦痛から逃れたい心理状態であった被告人の訴訟能力を否定している。すなわちここでは、直截的に正常な判断が期待できないとの判断を導く手法がとられているのである。

最後に

訴訟能力が争われた実例は乏しいが、その原因の一つとしては、知的障害にせよ精神障害にせよ、法曹関係者の理解が進んでおらず、被告人の抱える問題が見過ごされたまま裁判が進められてしまうということがあるといわざるをえない。

前掲最高裁1995（平成7）年2月28日決定の調査官解説は、同事案を紹介するにあたり、ことさら、要旨「被告人は少なくとも2件の前科を有しており、うち一度は実刑判決が下されているが、それらの裁判では訴訟能力は争われていないようである」と言及しているが（最高裁判所判例解説49巻12号368頁）、この指摘を重く受け止めるべきである。

裁判例

1 大阪地決昭63・2・29

生来のろう者で、ろう教育をまったく受けていない被告人について、公判停止決定をした事案。

被告人は「国語に通じない者」というべきであるが、現状では有効な通訳の方法が見当たらないし、訴訟能力上の問題としても、「各訴訟行為の内容を認識すると共に自己の意思を表明する能力を備えていることが当然の前

提となるから、被告人のように意思交信能力が極端に低く、且つこれを補足する手段のない者」について訴訟手続を進めることは手続の公正を確保できない。

結論として、被告人は訴訟能力を欠くものに準じて扱うのが相当である。

❷　広島高岡山支判平3・9・13

聴覚及び言語の障害者である被告人について、公判停止決定をすべきとして、公訴棄却の判決をした原審判決を取り消した事案。

被告人に「言いなさい」「黙りなさい」と伝達することはできても、「言いたくなければ黙っていて良い」ということは伝達しえず、被告人自身が自身の現在置かれている立場を理解しているかも疑問である。

そうとすれば、たとえ被告人が、社会内でくず鉄拾いや工場での労働をして一人で生活してきており、財物を質入れすることもできてきたこと、また、前科2犯を有し窃盗により処罰されるということは理解していると見られることを考慮しても、社会内での生活能力及び責任能力は認められるが、「裁判手続きの中で、訴訟行為をなすに当たりその行為の意義を理解し、自己の権利を守る能力があると認めるには極めて疑問が大きい」。

「弁護人の訴訟活動と裁判所の後見的役割に強く期待せざるを得ないところ、黙秘権告知の制度が重要性をもつことはもとより、その他の各訴訟手続についても、単に解釈によって補うことは被告人の防御権、刑事訴訟手続の中で被告人が固有に有する権利を充分行使し得るか否かについて疑問が多」い。

❸　大阪高決平3・12・24

非日常的な精神状態でされた控訴取下げを有効とした事案。

被告人が、落ち着きを欠いた精神状態で控訴取下げをしたからといって、それだけで、被告人が控訴取下げ当時、適正な判断能力を欠いたり、著しく弱いものにしていたのではないかと疑うには至らない。

❹　東京高決平4・1・31

拘禁反応が見られるが、知的な障害や精神病所見のない被告人のした控訴取下げを有効とした事案（原審は死刑判決）。

鑑定によれば、被告人に精神病や知的障害は見当たらず、ただ、「姿の見えない世界で一番強い人が、被告人の小さいころに暗示や魔法をかけてきてその影響で犯行を行った」等と妄想的かつ知能程度に比して幼い説明・言動をしている点が多少問題となるが、これは拘禁反応と見られ、いずれも被告人にとり、訴訟行為等の意味を理解して行為するうえで障害となるような性質、内容のものではない。

また、被告人は、しばしば控訴取下げの意思を表明しその都度弁護人らの説得によりこれを思いとどまっており、本件取下げについても充分な弁護人の助言・説得を受けていると認められること等も総合すれば、被告人が本件取下げ当時、その意義を理解し、自己の権利を守る能力に欠けるところはなかったと認められる。

5 　最決平7・2・28

聴覚及び言語に障害のある被告人について、公訴棄却を否定し、公判停止決定をすべきと判断した高裁判決(**2**)が維持された事案。

訴訟能力とは「被告人としての重要な利害を弁別し、それにしたがって相当な防御をすることの出来る能力」を言うところ、耳が聞こえず、言葉を話せず、手話も会得しておらず、文字もほとんどわからず、通訳を介しても各訴訟行為の内容理解や現在置かれている立場を理解できるか疑問のある被告人については、訴訟能力があることについては疑いがある。

6 　最決平7・6・28

妄想様観念下の精神的苦痛より逃れるためにした控訴取下げを無効とし、原決定(**4**)を取り消した事案。

被告人は、一審の死刑判決を不服とし、無罪となることを希望していたにもかかわらず、死刑判決及び公判審理の重圧を伴う精神的苦痛により、拘禁反応としての妄想様観念を生じ、その影響下に、いわば八方塞がりの状態で助かる見込みがないと思い詰め、その精神的苦痛から逃れることを目的として本件控訴取下げに至ったものと認められるのであり、自己の権利を守る能力を著しく制限されていたものというべきである。

7 大阪高判平7・12・7

重度の先天性聴覚障害者について、公判停止すべきとして、原審判決を破棄した事案。

被告人は、重度の先天性聴覚障害者であるうえ、学齢期の約1年を除き学校教育を受けておらず、聴覚障害者の施設に入ったこともなく、意思疎通は独自性の強いわずかな手話と表情、身振り、動作に依存せざるをえない。

加えて、言語を習得しないことによる二次的精神遅滞が見られ、非言語的な動作性知能の水準は精神年齢9歳程度である反面、言語性知能は測定不可能なほどに低く、一般的抽象的概念で表現される内容や言語を媒介にした健聴者の思考体系による表現内容を理解することは不可能である。

以上よりして、被告人の意思疎通能力はあえてたとえるなら3、4歳の程度にあり、訴訟能力を欠く状態にある。被告人が一応自立した生活を営んでいる事実は、この判断には影響しない。

8 京都地判平8・11・28

(傍論であるが)公判停止後26年して訴訟能力の回復を認めた事案。

第一審証拠調べ中、被告人は精神分裂病により訴訟能力を欠く状態となり、爾来26年間にわたり公判が停止されていたが、裁判所は、被告人の病状が緩解し、開放病棟で生活し、外泊もでき、通常の意思疎通ができ、過去の出来事を想起しそれを評価することもできないとはいえない(ただし、想起した出来事を冷静に評価できるかは疑問であり、被告人が公判において、過去の事実を想起して供述したり、それに対する評価的なことを供述したりすることは、症状の回復を著しく妨げる等の弊害が予想される)状況に至ったため、訴訟能力が回復するに至ったと判断した。

9 名古屋高判平9・2・10

脳内出血の後遺症により、判決の内容を理解するには専門家の協力が必要である被告人に対し、通常の朗読により判決宣告をした原審判決を破棄した事案。

被告人は、判決言渡し予定日の2日前に倒れたが、脳実質の破壊病変が残存して知能指数も60ないし70程度に低下し、言語理解・言語表出等は失語症の中程度で、文の聴覚的理解も不完全で、短い物語の記憶にも誤りが

見られ、新しい記憶を獲得する学習能力、思考推理などの知能、精神作業持続性などに若干の障害がある。

それゆえ、訴訟能力が完全に失われた状態ではないものの、法廷での判決宣告を即座に理解することは困難であり、精神医学と神経心理学の領域で適切な知識経験ある専門家の助言ないし介入によって適切な伝達方法を用いるのであれば、その理解能力はかなり良好になる可能性が高い（鑑定参照）。

よって、通常の朗読により判決を言い渡した原審判決には違法がある（弁護人に判決書の写しの一部を交付することは、被告人の理解力を高める一助としてされたものではないから、この判断を左右しない）。

🔟　最判平10・3・12

二次的精神遅滞のある重度の先天性聴覚障害者である被告人について、訴訟能力を認め、これを否定した原判決（**7**）を破棄した事案。

被告人の精神年齢9歳程度の二次的精神遅滞と、独自性の強い手話に身振り等を交えた意思疎通の実状は認められる一方、日常生活への適応や、前科経験から来る刑事訴訟手続への相応の理解も認められるところであり、被告人は、「手話通訳を介して、自ら決めた防御方針に沿った供述ないし対応をすることが出来るのであり、黙秘権についても、被告人に理解可能な手話を用いることにより、その趣旨が相当程度伝わっていて、……しかも本件は、事実及び主たる争点共に比較的単純な事案であって、被告人がその内容を理解していることは明らかである」。

そうすると、被告人は、被告人としての重要な利害を弁別し、それにしたがって相当な防御をする能力が「著しく制限されてはいるが、これを欠いているものではなく、弁護人及び通訳人からの適切な援助を受け、且つ、裁判所が後見的役割を果たすことにより、これらの能力をなお保持していると認められる」。

🔢　東京地八王子支決平10・12・24

重度の聴覚障害者で境界域以下の精神遅滞のある被告人について、公訴が取り消された事案。

被告人は、生来の重度の聴覚障害がありながら満足なろう教育を受けて

おらず、手話による会話も困難であるうえ、仮定的抽象的質問を理解することもできず、公訴提起後10年を経過した時点で検察官が公訴を取り消した。

⓬　名古屋高決平12・9・20

精神分裂病患者である被告人の控訴取下げを有効とした事案。

本件は、控訴審第1回公判において精神鑑定が採用され、その後被告人から控訴取下げがされ、これに対し弁護人がこの無効を主張する上申書を提出、それを受けて被告人も同旨の取下げ撤回届を提出するという経緯をたどり、その後裁判所が職権鑑定に訴訟能力の鑑定も付加的に命じたものであるが、「(本件取下げは)精神鑑定のために自己の拘束される期間が延びることを懸念し……て行ったものと解され、現実検討能力が障害されているから、その訴訟能力は損なわれていると言わなければならないが、その程度は著しいとまでは言えず、中等度ないし軽度である」との信用できる鑑定結果等を踏まえると、本件取下げは有効である。

⓭　東京高判平13・4・26

被告人の精神病を否定し、訴訟能力を肯定した事案。

被告人は、看護者やその他の鑑定関係者以外とは普通に接し、あいさつやねぎらい等をするものの、鑑定関係者とは拒絶的であり、鑑定中怒鳴ったり対話性独語をしたりもするがこれはある程度相手を見てのことと思われ、結論として被告人の言動の変化は精神病状態から来るものではなく威嚇のためのものと思われる、とする鑑定は信用でき、他の事情を併せ見ると、被告人には被告人なりの打算があり、裁判を受けているとの認識をも有しており、被告人に訴訟能力の欠けるところはない。

⓮　福岡高決平13・9・10

死刑判決後の控訴取下げから6年を経た取下げ無効の主張に対し、これを退けた事案。

被告人には、本件取下げ時、幻覚・幻聴や妄想状態はなく拘禁反応は見られず、その訴える慢性頭痛は本件犯行前からのものと見られ、精神薄弱・精神病・心因反応・神経症などは見られなかった。また、被告人は同種事

件により無期懲役に処せられた経歴があり、そうすると、死刑判決により少なからず動揺してはいたものの、日常的な意思疎通に欠けることなく控訴取下げの意味をよく理解してこれを決意して実行に移したものである。

⓯　新潟地判平15・3・28

中程度精神遅滞があり、かつ自閉症に罹患している被告人について、その意思疎通能力の特徴等に対し詳細な検討を加えたうえで、訴訟能力を肯定した事案。

訴訟能力の有無については、一般的・抽象的・言語的な理解能力ではなく、具体的・実質的・概括的な理解能力があれば足りると解される。

そして、被告人は、中程度精神遅滞及び自閉症障害に罹患しておりその程度は軽度から中等度と見られ、精神的能力は就学期以前程度と見られること、意思疎通能力についても重大な障害が存在することは認められるが、捜査段階において抽象的な概念についても詳しい説明ができており、また公判でも審理の進展に応じて発言や説明の詳細度が増すなどの状況が見られること、質問方法に工夫の余地があること、本件の争点は複雑なものではないこと等に鑑みれば、弁護人の適切な援助を受け、かつ裁判所が後見的役割を果たすことにより、相当な防御をすることが可能である。

被告人の公判での発言には、質問の仕方により内容の変動するものが相当数存在し、自閉症特有のオウム返しのものになっていたと考えられなくもないが、全体を通してみてこのような特徴的な反応ばかりを示してるわけではなく、被告人質問の進展や質問・答えの方式の選択によって徐々に答えが充実していると認められるのであるから、上記の点は本件判断を左右するものではない。

第
3
部

精神鑑定を知る

訴訟能力と精神鑑定

中島 直 医師

　日本の精神科医は、責任能力鑑定や医療観察法鑑定には慣れている者でも、訴訟能力についてはあまり検討したことがない者が多い。問われることが少ないからである。ただ、日本においては、刑事手続に乗った精神障害者がその手続から排除される際には「不起訴・起訴猶予」となった者が圧倒的に多く、鑑定が行われている際もほとんどはその課題は責任能力となっているが、実質的には訴訟能力が問題とされている例も多いと考えられる。すなわち、診察をしてみて、その時点で具合が悪いから、ということが一番大きな材料になっている場合が少なくないのである。

　責任能力は過去のある時点での精神状態や能力を判断するものであるのに対し、訴訟能力は現在や近い将来のそれを検討する概念であって、むしろ精神科医の日ごろの臨床の活動で判断する内容に近い。その意味では、より精神科医にとって得意な分野であってもよいはずである。

　ここでは、責任能力鑑定や医療観察法鑑定には馴染みがあるが訴訟能力鑑定にはあまり馴染みがない精神科医、および訴訟能力が問題になる事例に直面したが得られた鑑定では思うような結論が得られていない、ないし訴訟能力の問題が扱われていないと感じた弁護人向けに、精神科医の視点から、着目すべき点について述べる。なお、法律家には衆知であるが、現在訴訟能力は「被告人としての重要な利害を弁別し、それに従って相当な防御をすることのできる能力」（最決平7・2・28）とされており、その判断において主導的な役割を果たしているのは最判平10・3・12の最高裁判所判決であり、そこでは訴訟能力の判断においては、事案の単純性が考慮され、また弁護人等からの「適切な援助」と「裁判所が後見的役割を果たすこと」に

よって補われうると考えられている。筆者個人としては、弁護人等の「援助」では補いえない被告人独自に求められている能力もあるので、これを強調することには疑問があるし、また裁判所の「後見的役割」を広く認めれば事実上訴訟無能力は認められなくなってしまうのではないかと考えるが、ここでは私見は措き、この最高裁判決を前提とする。また、訴訟能力は有りか無しかしかなく、責任能力における限定責任能力のような中間概念はない。

総論

　責任能力鑑定や医療観察法鑑定（以下、一般鑑定とする）でも、犯行時（医療観察法では「対象行為時」となり、これも含む。以下同じ）の精神医学的診断や精神状態、現在の精神医学的診断については扱うはずであるので、これは前提とする。

1　取調べ段階の調書の評価
　訴訟能力とは通常は起訴後問題とされることが多いが、実は起訴前の取調べ段階でのそれも念頭には置いておかなければならない。特に日本のように、欧米諸国に比して著しく長期かつ密室の逮捕・勾留期間を持つ国ではなおさらである。ただし、勾留期間における訴訟能力について、精神科医が直接に意見を求められることは少ない。ここで意識しておくべきは、捜査段階での調書の評価である。供述調書は、警察官に対するものでも検察官に対するものでも、聞き取った内容から取調官が文章化したものであるから、本人の精神状態を正確に反映しているとはいえない。本人が理解していない概念が登場することや、本人の思路障害（思考の進み方の障害。連合弛緩、滅裂、思考途絶、観念奔逸、迂遠など）が修正されてしまっていることがある。たとえば筆者は、逮捕後少なくとも数日はかなり精神状態が悪く到底まとまった話ができたとは思えない事例で、そのころの日付で疎通がしっかりとれているかに見える調書が作成されていたことがあり、信用できない旨を記したことがある。取調べの可視化がもう少し進めばこのあたりは改善する可能性があり、最近進められているDVD録取はこれに寄与する可能性があるが、日本の現状ではこの点は読む人が気をつけるし

かない。精神科医としては、供述調書を参考としつつも、「供述調書の内容がまとまっているから、精神状態には問題がなかったんだ」という早合点に陥らないようにしなければならない。また、精神医学的観点からして、取調べの時点で調書に記載されているような内容を語ることができたとはとても思えないような場合は、もちろんそれのみで調書を排斥することはできないが、そう考えられた事実を適切な手段で指摘するべきである。弁護人の側からは、この点が不充分な鑑定書には警戒すべきである。

2 犯行の理解

犯行時の状態については、一件書類を読むだけでもかなりわかった気になってしまうものであるが、問診時に詳細に聞くことが重要であり、特に訴訟能力鑑定ではこれが強調される。現時点での本人の理解の程度がわかるからである。米国では訴訟能力鑑定の際には犯行に関する情報を入れてはならないとの意見もあるが、日本ではこうした議論は聞かれず、私見でも日本の刑事手続きの実務から考えれば犯行やそれについての本人の理解を問うことは必要なことであると考える。

たとえば、中等度以上の精神遅滞者には複雑な詐欺などは理解できない。これは責任能力や犯意の有無の文脈でも問題となるが、取調べや公判で質問されることの趣旨が理解できるかどうかという意味で、訴訟能力の問題でもある。アルツハイマー型認知症で、犯行自体を忘れてしまっていれば、公判での尋問は意味をなさなくなる。誘導を排した問診をしてみて、犯行や犯意を否認する供述が出てきた場合は、場合によっては最高裁判決の言う「事案の単純性」の観点への一石となりうる。

3 法廷で示すであろう態度

直接訴訟能力の問題となるわけではないが、本人が法廷で示すであろう態度について、精神医学的な観点から説明が加えられると、裁判官や裁判員の心証が変わることがある。たとえば記憶障害や作話をもたらす疾患の場合、その可能性が医学的にありうるのだということが説明されると、「意図的にやっている」との心証を弱めることができる。統合失調症の症状としての拒絶は、精神科医からの説明がないと、関係者への反抗的態度と見間違えられやすい。筆者は実際にその経験がある。

4 裁判手続の理解

　訴訟能力ありとされるためには、上述したとおり、「被告人としての重要な利害を弁別し、それに従って相当な防御をすること」ができなければならないが、実は我々のような法律の素人にはこれが難しい。刑事訴訟法の細かな知識は我々だって持っていない。本件の訴訟にはどういう内容の事柄をどの程度理解していれば足りるのか、どういう行動をとれればよいのかということを、法律家には予め提示しておいていただきたいと感じる。しかし、現実にはなかなかそれは望めないので、鑑定医の側で考えて取り組むしかない。筆者は、裁判官、検察官、弁護人といった人たちの役割を尋ね、味方は誰か、証人が事実と違うことを言ったらどうするか、わからないことがあったら誰に相談するか、といったことを尋ね、場合によっては教示して学習できたかどうかを探る。とりあえず弁護人に相談するということが理解できなければ、「援助」を得ることも十分には期待できないだろう、ということである。

　筆者自身は、Competence Assessment for Standing Trial for Defendants with Mental Retardation（CAST-MR. Everington C.T., Luckasson R.: Competence Assessment for Standing Trial for Defendants with Mental Retardation. IDS Publishing Corporation, Ohio, 1992）の項目を参考にして、本人への質問を行っている。CAST-MRの質問は例えば以下のようなものである。

　　3. What does the judge do?
　　　　a. defends you
　　　　b. decides the case
　　　　c. works for your lawyer
　　5. What does your lawyer do?
　　　　a. solves the crime
　　　　b. helps the judge
　　　　c. takes your side
　　25. What is the prosecutor doing when he asks you a question?
　　　　a. trying to prove you did it

b. trying to make the judge laugh

c. helping to tell your side

26. Let's pretend that you took something from the store and you got arrested for it. You didn't mean to do it, and you felt really bad about it. When your lawyer asks you if you did it, what would you do?

a. tell him what happened

b. say nothing to him

c. tell him you didn't do it

30. What if the police ask you to sign something and you don't understand it? What would you do?

a. refuse to talk to them

b. sign it anyway

c. ask to see your lawyer

中島訳：

3　裁判官は何をする人ですか？

　　ア　あなたを守る

　　イ　事件の判決をする

　　ウ　あなたの弁護士のために働く

5　あなたの弁護士は何をしますか？

　　ア　事件を解決する

　　イ　裁判官を助ける

　　ウ　貴方の味方になる

25　検察官があなたに質問をしているとき、検察官は何をしているのですか？

　　ア　あなたがやったと証明しようとしている

　　イ　裁判官を笑わせようとしている

　　ウ　あなたの味方になって言うのを助けている

26　あなたがお店から何かを持ってきてしまい、それで捕まったとしましょう。あなたはそうするつもりはなくて、本当に悪いことをしたと思っています。あなたの弁護士があなたに、あなたがやったのかと尋

ねたら、あなたはどうしますか？

  あ　何が起こったのかを話す

  い　何も話さない

  う　やっていないと話す

30　警察官があなたに、何かに名前を書くように言いましたが、あなたはそれが何なのかわかりませんでした。あなたはどうしますか？

  ア　警察官と話すことを拒否する

  イ　何でも名前を書く

  ウ　弁護士と会いたいと頼む

　また筆者は、ある程度の日常生活能力および言語能力を有し、限定責任能力と考えられた精神年齢6歳10カ月の精神発達遅滞の被告人につき、何度か教示しても、裁判に関連することで何かがあったら弁護人に相談するということが学習できなかったこと等を根拠として、訴訟無能力と鑑定したが、裁判所には否定された事例を経験している。

5　意思疎通能力

　判例集に登載されている、訴訟無能力を認めた裁判例を見ると、被告人の意思疎通能力が欠けていることをその根拠としている例が目立つ。ただし多くは知的障害および聴覚障害の合併例で、通常の手話も通じず、簡単な伝達すらも困難なような事例に対して、そのように判断しているように見える。しかし、聴覚障害がなくても、意思疎通が困難な事例は存在し、そうした事例でも訴訟無能力を認める場合はありうる。たとえばいわゆる所沢事件では、自閉症を有する被告人につき、非常に多岐にわたるコミュニケーション障害があるということが訴訟無能力判定のの大きな根拠の一つとなった（判例タイムズ1246号〔2007年〕345頁。北潟谷仁「所沢事件における訴訟能力」季刊刑事弁護65号〔2011年〕173〜174頁。高岡健・木村一優「自閉症を有する者の訴訟能力」季刊刑事弁護65号〔2011年〕175〜177頁。北潟谷論文、高岡・木村論文は本書第4部所収）。この被告人はとりあえず質問に対する答えはできるのであるが、その回答が明らかに相互に矛盾していても意に介していないことが、コミュニケーション障害と捉えられたようである。しかし、こうした広い意味のコミュニケーション能力を

客観的に計測し、たとえば数量化するような手法を筆者は知らない。すなわち客観的に「○○以下なら能力なし」と決める尺度は設定しえないということである。とりあえず、鑑定をする精神科医は、被鑑定人の意思疎通の態様やその障害の有様を具体的に明らかにすることが必要なのであろう。また、弁護人も、自らの守備範囲の中で被疑者・被告人のコミュニケーションの態様を明らかにすべきなのであろう。法律家には、どのような性質の、あるいはどの程度のコミュニケーション障害があれば訴訟能力なしとなるのかを明らかにしてほしいと願う。

6　抽象的な思考能力

　責任能力については、1984（昭和59）年最高裁判所決定に典型的に認められるように社会適応能力がその判断において重視されている。異論もあるが一つの考え方としては認められよう。しかし、訴訟能力については、社会適応能力をこれほどに重視する見解はあまりないようである。確かに訴訟の場は具体的な生活能力より抽象思考能力の方が重要である。たとえば、被疑者・被告人は、一見優しい検察官より、現実的なことをきちんと指摘する弁護人の方が味方であるということを理解しなければならない。これは、人にはその人の人格（人柄）だけでなく役割という抽象的な要素があるということの理解である。西山は、実生活空間と訴訟空間を分け、人間の諸能力のうち後者に重要なものはどれかという関連分析を欠かせないとし、実生活空間で必要とされる具体的な知覚——行動領域の能力は比較的高いが、訴訟空間で必要とされる記憶、事物の命名、概念の発達、言語による表現等が低く、訴訟無能力と判断された事例を挙げている（西山詮「精神遅滞者の訴訟能力——訴訟空間における知能の関連分析」精神神経学雑誌90巻〔1988年〕111〜124頁）。小畠らも、コミュニケーション能力、抽象思考能力を欠き、自分の置かれた状況を理解していないので、訴訟無能力とした例を報告している（小畠秀悟・黒田直明・簑下成子・中谷陽二「『いん唖のため精神の発育が著しく遅れている者』の責任能力と訴訟能力」精神科治療学17巻〔2002年〕1137〜1144頁）。鑑定人は被鑑定人の抽象思考能力にも言及しなければならない。弁護人は、当該事件において被告人に必要と考えられる抽象思考能力の内容について具体的に明らかにする努力をすべきであろう。

7 黙秘権の理解

　被告人が黙秘権を理解しそれを適切に行使できなければ訴訟能力がない。しかし、黙秘権というのは精神科医にはさらに難しい。日本では「正直に話すこと」も美徳とされる傾向が強く、これ自体は誤りではない。「言いたくないことは言わなくてよい」という説明をすると大抵の者は頷くが、実際に「言いたくないことを言わない」という行動がとれているかどうかはわからない。「言うと不利になると思われることは言わなくてよい」という説明をし、理解したか問うと肯定する者は多いが、「言うと不利になることってたとえば何？」と質問すると、ある程度以上の知的障害のある者には答えられない。供述拒否があることをもって黙秘権の理解があるとする裁判例があり、供述しないことというのはいろいろな理由で起きるので、黙秘権の趣旨を理解してこれが行われているかはわからないし、ほかに「言いたくないこと」を言ってしまっていることがあるかもしれないから、この判断には疑問があるが、かといって誤りとも言いがたい。これも、黙秘権の理解にはどういう項目の検討が必要か、法律家にあらかじめ提示しておいていただきたいと感じる。これがないときには、鑑定医の側でできる範囲で思いつくことを質問・観察していくしかない。筆者は「警察の人に、言いたくないことを言えって言われたらどうする？」などの質問から入っていくことが多い。

8 参照すべき資料

　鑑定の際には通常一件記録がついてくるが、意外にもれやすいものを挙げておく。

　まずは逮捕時から今いる刑事施設での動静記録である。大抵は問い合わせると書面の形になって提出されるが、拒否されることもあるし、逆に診療録の複写が細かく出されることもある。服用している薬なども重要である。過去に受刑歴がある場合には、そのときの情報（動静記録や診療録）が参考になることもある。

　犯行前に受診歴、特に精神科等の受診歴がある場合には、診療録が重要である。警察や検察から主治医が意見を問われて述べた書面や報告書が出ていることもあり、それはそれで重要であるが、これらは主治医が、自ら

の受け持ち患者が何かことを起こしたということを知らされてからの意見である。診療録の方に真実があることも少なくない。大量になってしまったとしても、子細に検討することに意味がある場合は少なくない。筆者も、丁寧な主治医によって観察されていた方で、診療録の検討を通して、病状の推移の特徴を示しえたことがある。

　学校の指導要録も、近年は「保存期間が過ぎた」と廃棄されていることもあるが、意外に古いものが残っていることもあり、成績や担任の記述欄が参考になる。たとえば知的障害や広汎性発達障害、注意欠陥多動性障害の判断においては大きな役割を果たす。

疾病別各論

1　知的障害（自閉性障害を含む）

　最も訴訟能力が問題となる事例が多いと思われる障害で、裁判例も多い。日本では訴訟無能力となった被告人への教育や治療のシステムがないので、窃盗、性犯罪などで、行為を繰り返している事例の場合、訴訟無能力となって刑事手続から外れるとまた同様の行為を繰り返すのではないか、とのおそれを鑑定医が持つことは避けられない。本来能力判断とは直接関係のないことであるはずであるが、これはある程度やむをえない。身柄が自由になった後のサポート体制が重要である。

2　認知症

　犯行自体の記憶が残っていない場合がある。特にアルツハイマー型の場合には作話や取り繕いで記憶を補うこともあるから注意が必要である。また、進行が明らかな場合は、今後さらに能力が低下する可能性が高いことも意識する必要がある。今後の処遇が問題となる場合は、介護保険の手続きを行い、介護老人保健施設や特別養護老人ホームなどの老人施設を目指すことができる。苦労しないとまではいえないが、たとえば条件が揃えば知的障害の施設などよりはるかに多くのものがある。

3　精神病

　統合失調症、躁うつ病などの精神病の病相期であれば、正常な判断やそ

れに基づく行動ができず、訴訟能力も失われる。筆者は鑑定期間に徐々に増悪して当初は訴訟能力があったが徐々にそれが失われたとの意見を述べた例を経験している。

こうした場合は、能力判定それ自体よりも治療を優先すべきである。これがなかなか実現せず、無治療の状態が長引くことがある（伊神喜弘・佐藤隆太・指宿信・中島直「訴訟能力の回復可能性を正面から論じ、手続を打ち切ったケース」季刊刑事弁護79号〔2014年〕159〜163頁。本書第4部所収）。筆者は訴訟能力についての判断はないまま保釈の形で入院加療を行い、公判は日程を入れず、軽快したところで公判に戻したという、事実上訴訟無能力判断による公判停止とその回復による再開となった例を数例経験している。

4 逆行性健忘

多いのは頭部外傷で、多かれ少なかれ脳にダメージをもたらす程度の外傷があり、その外傷のしばらく前（すなわちまだ脳にダメージが及ぶ前）からの記憶が失われる病態をいう。交通事故の事例などに多い。医師においてはほぼ常識であろうが、法律家には熟知されているとはいえないであろうから、まずはこういうことはあるということを知っておくことが必要である。訴訟無能力が認められることも多く、すでに詳しく紹介されている（北潟谷仁「逆行性健忘症をめぐるわが国の状況」季刊刑事弁護63号〔2010年〕164〜167頁。指宿信「英米法における訴訟能力と健忘症」季刊刑事弁護63号〔2010年〕167〜170頁。いずれも本書第4部所収）。

5 解離性障害

解離性健忘、解離性同一性障害（多重人格）等で、犯行時の記憶が残っていないことがある。多くの精神科医は、治療や自然回復の過程で記憶がよみがえることも多いこと、治療上は解離のもとでの行為も本人の責任に帰していった方がいいという考えが強いことから、これらの疾患では責任能力は保たれていると考えており、筆者も概ね同じ立場に立つ。これらの疾患で訴訟能力が問題となった例や関連する議論を知らない。筆者自身は責任能力と同様と考えているが、逆行性健忘との類似性を主張する立場もありえよう。今後の課題である。

6　拘禁反応

　拘禁反応ではその目的反応としての性質から原則として訴訟無能力は認めないという見解が大勢であり、筆者も同じ立場に立つ。ただし、例外はありうると考える。死刑事件で上訴の取下げや再審申立てをしないなど、被告人の行動が事実上訴訟の遂行を不可能にする場合や、あるいはまったく疎通がとれなくなった場合などは、訴訟無能力も検討されるべきだと考える。筆者はこうした場合、治療によって軽快する可能性もあるから、期限を区切って治療を行うのがよいという考えを持っている（中島直「死刑適応能力および再審請求能力が問われた事例」中谷陽二編『責任能力の現在――法と精神医学の交錯』〔金剛出版、2009年〕209〜227頁）。

実践！ 精神鑑定書の読み方

金岡繁裕 弁護士
中島 直 医師

　ここでは、とある責任能力鑑定を素材として、このような鑑定書に遭遇したならば弁護人としてどのような情報を読みとるべきか、解説する。

　責任能力鑑定として依頼された鑑定書から、訴訟能力を争うべき情報が得られることがある。弁護人は当然、注意して読まなければならない。以下、鑑定書の開示を受けた弁護人の着眼点（弁）に鑑定人（鑑）の説明を交えつつ、述べていく。

精神鑑定書

1	被疑者	氏名　○○○○　（男　生年月日　○年○月○日　現在満28歳）
2	事件概要	平成○年○月○日午前11時50分ころ、東京都○市○町１丁目２番地３号所在のコンビニエンスストアにおいて、同店経営者管理の幕の内弁当１個（販売価格515円）を窃取したものである。
3	鑑定事項	被疑者の現在および犯行時の精神状態
4	鑑定主文	被疑者は現在中等度の精神遅滞を有しており、犯行時も同様である。犯行は空腹と自己の金銭を費消することの惜しさという了解可能な動機に基づくものである。知的水準の著しい低さはあるとしても、発覚の防止や逃亡を図っていること等から、いわゆる弁識能力や制御能力については、著しく損なわれてはいたが完全に喪失はしていなかったと考える。
5	鑑定経過	**鑑定面接**　平成○年４月６日および６月20日、●●拘置所にて 平成○年５月10日から24日、●●病院入院（鑑定留置）中 適宜 **参考情報**　一件記録、●●小学校の学習指導要録、被疑者の両親からの聴取

6 診断	#1　中等度精神遅滞（コード：F71　診断基準：ICD-10）（犯行時）
	#2　同上　　　　　（コード：　　診断基準：　　　）（現在）

上記診断を支持する主たる所見等：

幼少期より発達の遅れを指摘され、特別支援学級に通った。仕事でもサポートを要している。鑑定の問診所見としても知能障害が認められ、心理検査でもそれは裏づけられた。

補足説明：

一般的採血検査、採尿検査、脳波検査、頭部CT検査、甲状腺等のホルモン検査には異常がない。鑑定入院中には、他の患者は病気の治療で入院しているので事情が違うから、自分がどうして入院してきたかなどは言わないようにと告げてあったが、女性の患者には自分から積極的に話しかけて身の上話をしていた。

問診上、質問の理解が悪く、内容に沿わない回答が多いこと、理解できないと質問の言葉から連想された事項について自己の思いを語るという特徴があった。また発言にも相互に矛盾があり、物事を時系列に沿って説明することには大きな困難があった。尋ねると「○○だった」と断言するが、当方で把握している経過を提示して〈□□だったんじゃないかな？〉と誘導すると、「そうだったかもしれない」、「そうだ。□□だった」と修正された。

人の名前を覚えることができるが、その社会的役割について理解することは不能で、たとえば鑑定人とは何であるかを最後まで理解せず、態度が表面的に優しい人を好む傾向があった。鑑定人から質問を受けても押し黙ってしまうことが目立ったが、担当となったＳ看護師から話しかけられると機嫌を直した。黙ってしまったときでも、少し強い口調で質問を繰り返すと渋々ながら答えた。この間の過程で最も信頼できる人間はＢ警察官であると言い、Ｋ警察官は怖いので嫌い、2番目に好きなのはＰ検察官で、Ｑ弁護人については「嫌い。だいたいほとんど会わないし。難しいことばっかり言う。話したくない」とした。これまで何度か同種犯罪で裁判を受けているが、「裁判官」については「知らない。会ったこともない」とした。

田中ビネー知能検査で精神年齢6歳10月、IQ46であった。

7 家族歴・ 本人歴等	両親のもとで出生・生育した。両親も工員であり、鑑定人が聴取を行った際も十分に本人の発達歴等を語ることができない。特に母は漢字の読み書きができない。本人は同胞3名の第一子であるが、弟・妹も特別支援学級に通っていた。 被疑者は3歳時の健診で言語発達の遅れを指摘され、小学校入学後も特別支援学級に配置され、高校も特別支援学校に進学した。高校卒業後は学校の紹介で工員として就労したが、簡単な作業でもなかなか覚えられず、社長からしばしば叱責された。自宅は出るのであるが、工場に向かわず、自転車で近所をうろつくなどして無断欠勤することが時にあった。

		本件と同様の窃盗（万引き）が数度あり、一部は母同伴で謝罪して返品・買い取りをすることで決着しているが、警察に通報されて逮捕・勾留に至ったことが3度あり、昨年6月には起訴されて懲役8月執行猶予2年の判決を受けていた。
8	犯行の説明	前日に社長に叱責され、無断欠勤をして自転車で近所をあてもなくさまよっていた。正午近くなり、空腹を覚えた。コンビニエンスストアに入ったところ、カウンターに店員がおらず、また店内にいた店員は品物の整理をしていて後ろを向いていた。弁当を買うだけの金銭は持っていたが、それを使うのは惜しいと考え、万引きをすることとし、幕の内弁当を着ていたダウンジャケットの陰に隠し、店を出た。もう一人の店員から「お客さん」と声をかけられたが、答えずに足早に去ろうとしたところ、追いつかれて肩をつかまれた。「未払いの商品がありますよね」と言われ、「これは別の店で買ったんだ」と主張したが、店まで連れ戻され、警察が呼ばれ、商品が同店のものであること、および防犯カメラの映像で本件犯行が証明された。
9	総合(1)障害と犯行の関係	本件犯行は、空腹と自己の金銭を費消することの惜しさという了解可能な動機に基づくものである。しかし、本件犯行には、被疑者の衝動性や短絡性が関与しており、それは被疑者の精神遅滞という精神障害に由来しているものと考えてよかろう。
10	総合(2)刑事責任能力に関する参考意見	一般にIQ46であれば慣例では限定責任能力か責任無能力とされる。本件犯行の動機は上述のとおり了解可能である。店員の様子を観察し、犯行後に声をかけられても言い逃れをするのであるから、弁識能力や制御能力が失われているとはいえない。しかし、知能指数の低さ、社会性の低さから、これらの能力が完全に備わっているともいいがたい。実際、本件犯行には上述したとおり被疑者の精神障害に由来する点もある。これらから、これらの能力については、「著しく減弱」という程度に相当すると考えられる。
11	その他参考意見	※記入欄の伸縮は自由に行ってください。
	鑑定日付鑑定人署名	以上のとおり鑑定する。 　　　　　　平成○年○月○日　　　　　　氏名　○○○○

「4　鑑定主文」

弁：「中程度の精神遅滞」とされている（本文中では田中ビネーでIQ46である）。中程度の精神遅滞は、IQで言えば50～35の範疇なので、裁判実務

的に心神耗弱となる可能性が高いし、訴訟無能力にも疑問が出始めると考えてよい。

鑑：精神医学的には、IQ50を下回ると心神喪失とする論者も多い。同時に訴訟無能力も疑われると考えてよいだろう。

「6　診断」

弁：少なくとも脳波検査や頭部CT検査結果に異常がないかは着目すべきだろう。脳の特定の部位が萎縮したり血流が阻害されている現象があれば、そもそも器質的疾患が問題となるからである。本件では器質的疾患は除外できる。

鑑：精神遅滞の中で最も多いのは正常偏倚（すなわち、身体疾患を原因としない）としてのものであるが、これらの検査で異常を示すような疾患で知能低下を来すことがある。検査値自体からも有意な情報が得られる場合は当然にある。

「6　診断」の「補足説明」

まさしく情報の宝庫である。自身の接見を通じて得た情報と、医師の観察結果を付き合わせ、被疑者の問題性を掘り下げていくとっかかりとなる。

① 「女性の患者には自分から積極的に話しかけて身の上話をしていた」

弁：怖い人は嫌い、という行動性向とあわせて読むと、被疑者の特性が推し量れる。取調べなどでの防御力は極めて低い、と評価すべき。なお、発達に障害のある被疑者被告人で、女児、女性に対し積極的な行動に出やすい類例がままあるが、障害から派生している特性であるかもしれないという見方を持っておくべきである。

鑑：口止めをしても守れないということを端的に示している趣旨で指摘した。取調べなどでの防御力は極めて低いことを示している点、障害から派生している行動特性である可能性があることも、同感である。

② 「質問の理解が悪く、内容に沿わない回答が多いこと、理解できないと質問の言葉から連想された事項について自己の思いを語る」

弁：意思疎通が困難であり、現実の利害関係にあわせた行動ができないことがうかがえる。

鑑：表面的な応答はできても、実際の意思疎通能力は低いことを示している。

③ 「誘導すると、……と修正された」

弁：いうまでもなく易誘導性である。取調べや被告人質問での防御能力は皆無であると覚悟しなければならない。逆に言えば、このようなありのままの能力を弁護人から立証することが可能かもしれない、ともいえる。

鑑：供述調書ではこうした傾向は明らかにならないので、鑑定人は調書を鵜呑みにせずに問診をする必要がある。逆に、この点に慎重さがない鑑定については批判を加える必要がある場合がある。

④ 「人の名前を覚えることができるが、その社会的役割について理解することは不能……これまで何度か同種犯罪で裁判を受けているが、『裁判官』については『知らない。会ったこともない』とした」

弁：訴訟関係人の役割を理解できないことは、弁護人の援助による防御能力の底上げが期待できないということである。頻出の現象なので、意識的に確認しておきたい。

鑑：⑤と同じ。

⑤ 「K警察官は怖いので嫌い、二番目に好きなのはP検察官」

弁：好き嫌いなど、現実の利害関係に見合った行動とは違った価値観で行動してしまう。弁護方針を立てるうえでも留意しなければならない。

鑑：一般社会でも、対人関係というのは印象としての好き嫌いだけではなく、その人の持つ役割が自分にとってどのような意味を持つかということが重要であるが、訴訟空間ではいっそうそれが顕著となる。好き嫌いや表面的な優しさなど、現実の利害関係に見合った行動とは違った価値観で行動してしまうのである。

「7　家族歴・本人歴等」

次のような記載に注目すべきである。

「両親も工員であり、鑑定人が聴取を行った際も充分に本人の発達歴等を語ることができない。特に母は漢字の読み書きができない。本人は同胞3名の第一子であるが、弟・妹も特別支援学級に通っていた」。

「被疑者は3歳時の健診で言語発達の遅れを指摘され、小学校入学後も特別支援学級に配置され、高校も特別支援学校に進学した」。

弁：遺伝的要因、後天的要因の双方が本人の発達を大きく障害した可能性が大である。鑑定人は、簡易鑑定程度の関わりであれば表面的観察に止まるので、弁護人は、これに着想を得て、発達経過を洗い出す作業をしていく必要がある。

鑑：現実的な生活能力も低いこと、また問題に直面したときにそれを適切な方法で解決する能力も低く、不適切なやり方になってしまいがちなことが示されている。本件犯行も、問題解決能力が低く、不適切な方法をとる傾向が強いことが色濃く反映していることがわかる。本件犯行の動機が見かけ上了解可能なだけで、問題解決能力がある等と判断してしまってはならない。

第 **4** 部

事例報告

逆行性健忘症

逆行性健忘症をめぐるわが国の状況

北潟谷 仁 弁護士

はじめに

　逆行性健忘とは、頭部外傷などの記憶の障害を起こすような出来事から、記憶が保たれていると思われる健全な時期に、数分から数時間（ときには数日から数週間）遡って記憶の欠如があることをいう。たとえば、頭部外傷で昏睡状態となって回復した後、昏睡時のときはもちろんのこと、外傷以前にまで遡及して健忘を残すような場合である。頭部外傷や一酸化炭素中毒のほか、ときには心因反応などでも見られるという[*1]。

　刑事司法において逆行性健忘はどのような意味で、また、どのような場合に問題となるであろうか。事件時の状況等について記憶の存することが防御権行使の前提をなすから、健忘が被疑者・被告人をして防御を困難とさせ、訴訟能力を奪うことが考えられる。これが問題とされた事例は交通事故が多いが、問題はそれにとどまらない。たとえば、喧嘩で頭部を殴打されて脳震盪を起こし、反撃行為の正当防衛性を想起できない場合なども考えられる。

[*1]　加藤正明ほか編『精神医学事典〔新版〕』（弘文堂、1993年）〔保崎秀夫〕。

健忘と訴訟能力問題の嚆矢
── ニュルンベルク国際軍事法廷[*2]

　訴訟能力との関係で健忘症が問題とされた嚆矢は、ニュルンベルク国際軍事法廷におけるルドルフ・ヘスの事例である。ナチ副総統であったヘスの弁護人は冒頭手続において情動と心神異常による訴訟無能力を主張し、中立国スイスの医学者による鑑定を求めたが、裁判所はこれを退け、英米仏ソの専門医からなる鑑定委員会を任命した。而して、各委員の意見は、ヘスにアムネシア（健忘症）が存する点において一致したが、「言葉の厳密な意味では精神病ではない」とされ、弁護人の申立ては却下された。その際、ソ連邦委員は詐病性をも主張するとともに、麻酔分析の実施を勧告したが、ヘスがこれを拒否したため、この鑑定手法は採用されなかった。このときの議論は各国の司法に影響を与えたと思われる。西ドイツ刑訴法は明文をもって薬物使用や催眠を禁止し、フランスにおいても麻酔分析の是非をめぐって激しい論争がなされた。

　その後、英米においては健忘症と訴訟無能力をめぐって議論があるが、本稿に続いて掲載される指宿論文がこれを紹介する。以下では、わが国の事例を紹介し、問題状況を検討しよう。

わが国の事例

1　水戸地土浦支判昭48・2・28

　事例は交通事故で、被告人は1967（昭和42）年7月21日午前6時ころ、普通乗用自動車で国道6号線を走行中、小川にかかっている橋のコンクリート柱に自車を激突させ、寝込んでいた同乗者に3カ月の傷害を負わせた。被告人自身も脳震盪症によって意識を喪失し、入院先の病院で約2週間後に意識を回復したが、事故前十数時間の逆行性健忘を生じた[*3]。

　石岡簡裁は「前方注視を怠った過失により左前方の橋梁柱に激突し……」

[*2]　Trial of the Major War Criminals before the International Military Tribunal, Vol.1, 1947.

[*3]　青木久「逆行性健忘症と刑訴314条交通事故にともなう新事例（裁判と争点）」法学セミナー201号（1972年）。

と認定して罰金3万円を命じたが、被告人は正式裁判を申し立てた。

第一審公判（水戸地裁土浦支部）で、弁護人は精神鑑定を請求。金田良夫鑑定は、被告人が本件事故の記憶を有さず、それは詐病ではないこと、記憶障害は事故前日に至るまで逆行性健忘があり、その障害は長期に及ぶ意識障害を伴った重篤な脳震盪症に起因する旨を明らかにした。

弁護人は、金田鑑定に基づき、防御権行使に重大な支障があるとして、刑訴法314条の類推適用による公判手続の停止を申し立てた。裁判所は法学鑑定を採用し、鑑定人に松尾浩也東大教授（当時）を選任した。松尾の鑑定主文は「被告人が、逆行性健忘症により、公訴事実についての記憶を喪失しているばあい、その記憶喪失が作為によるものでなく、かつ記憶喪失により防御に著しい不利益を生じていると認められるときは、刑訴法314条を類推適用して公判手続を停止すべきである」というものであった（なお、松尾の教科書初版[*4]では、被告人の訴訟能力について「なお、『理解』する能力はあるが、『権利を守る能力』が不十分な場合も、稀には生じうる〔たとえば、逆行性健忘症のため、『犯罪』当時の状況を完全に忘却し、防御ができないとき〕。この場合も、『心神喪失』に準じて取り扱う余地が絶無ではあるまい」としたが、新版[*5]ではこの記述は削除されている）。

裁判所は公判を停止せず、実体判決に及んだ。ただし、被告人及び同乗者に事故状況の記憶がないことから、「被告人の司法警察員及び検察官に対する前記各供述の事実を推定し得る証拠も全くなく、これを要するに前記公訴事実の『事故発生の原因』について、それを認めるに足る証拠がないので、本件については犯罪の証明がないことに帰する」として無罪であった。

2　広島地判平元・7・20

この事例も交通事故で、被告人は1985（昭和60）年1月13日の日中、普通乗用自動車で中国縦貫自動車道下り線を時速約60キロメートルで走行中、路面の状況に対する配慮を欠いたまま漫然前記速度で進行した過失により、主位的訴因としては「ハンドル操作を誤り、自車の自由を失わせ」、予備的訴因としては、「自動車輪を滑走させて走行の自由を失い、自車を」対向車

[*4]　松尾浩也『刑事訴訟法（上）』（弘文堂、1979年）。
[*5]　松尾浩也『刑事訴訟法（上）〔新版〕』（弘文堂、1999年）。

線に進入させ、対向進行してきた大型タンクローリー車に自車左前部を激突させ、同乗の家族を死傷させたとして起訴された。

被告人は全治３カ月の重傷を負い、本件事故による逆行性健忘により事故に至る数分ないし十数分の記憶をほとんど喪失し、想起しえない状態にあり、弁護人は訴訟能力を争ったが、裁判所は公判を停止せず、実体判決に及んだ。

判決は「被告人は、逆行性健忘に罹り、事故に至る状況の殆んど全ての事実を想起しえないまま今日に至っているものである。真実は、居眠り運転等先に示したいくつかの態様等のうちのいずれかか、或いは不可抗力的な、被告人車左側からの突風の影響とか、或いは同車の走行装置関係の突発的な故障等が、被告人車の突然の対向車線への進入を決定づけたものであるかもしれない。しかし、過失の種類を捨象して、莫然と右態様のうちのいずれかである疑いがあるとし、かつ不可抗力的事由の点の吟味検討を措いて、被告人に本件事故の過失責任を問うことは到底できない。予備的訴因についても、その証明はなされていない」とし、無罪であった。

3　大阪高判昭59・9・30[6]

これも交通事故による業務上過失致死傷の事案である。被告人は事故によって重傷を負い、意識回復後も事故当時の記憶が全然回復しないまま公判手続が進められた。弁護人は刑訴法314条の拡大解釈あるいは類推解釈による公判手続停止を求めたが、原審はこれを認めず有罪判決をなした。本判決は、これに対する訴訟手続の法令違反の控訴趣意を理由なしとして、控訴を棄却したものである。

ただ、判示中には興味深い記述もあり、「犯行状況について記憶の存することが防御権行使の前提又は要素をなすことは否定できず、例えば全く記憶がない場合には、証人に対する反対尋問権行使が困難となり、弁護人との打合わせ等にも支障をきたすことは容易に考え得るのであるが、記憶喪失といってもその程度や範囲が場合によって異なるであろうし、またそれが防御に与える不利益も常に同一とはいえないから、記憶の喪失が直ちに『心神喪失の状態』に当ると解すべきではなく、個々の具体的な訴訟の状態

---

*6　大阪高判昭59・9・30判タ534号224頁。

から判断して、記憶喪失に起因する防御の不利益が著しいと認められるような場合においては、同条項を類推適用して公判手続の停止が可能となる余地もあると解するのが相当である」としている。

逆行性健忘の問題状況

以上のとおり、わが国で逆行性健忘により訴訟能力が問題とされたケースは交通事故例に多いが[7]、法医学の常識に照らすと、法廷でこれが問われることがあまりに少ないといわざるをえない。

実際、逆行性健忘がどの程度の割合で起きるかといえば、静岡地裁浜松支部長だった植村の報告[8]によれば、植村が1960（昭和35）年6月から同年12月まで同支部で扱った交通事故による業過事件の中で意識喪失もしくは意識混濁をきたした14名のうち9名に逆行性健忘を見出したとあり、また、この調査は警察官の調書をもとにしているので、ほかにも警察官に知識が乏しく見落としているケースは多いだろうとされている。法医学的にも、脳外傷による意識喪失者もしくは意識混濁者は概ねこれを伴うといわれているのである。

次に考えるべきは自白の問題である。人の記憶のメカニズムはまず体験を脳に印象づける「記銘」、印象された内容を意識下に保っておく「保持」、印象内容を再び意識の上にのぼらせる「追想」、再生されたものと以前の印象内容の同一性を確認する「再認」の4過程からなるといわれる。逆行性健忘の場合、記銘はなされるが、保持以下の機能が失われ、記憶障害を起こすわけであるが、事件を想起できないという点においては病的酩酊の朦朧状態やせん妄状態ゆえに記銘自体ができない場合と同様である。そうすると、自白調書が存在する場合、自白したという事実自体が逆行性健忘の存在を否定することにもなりかねないわけである。しかも、逆行性健忘の存在を物質的に証明することは難しい。しかしながら、医療現場では多くの患者に確認されているという厳然たる事実がある。当事者でない医師の目に、本人の記憶喪失状態が自然で医学的な理解にかなうとき、逆行性健忘

---

[7] 交通法科学研究会編著『交通事故事件の弁護技術』（現代人文社、2008年）。
[8] 植村秀三「交通事犯における逆行性健忘について」犯罪学雑誌27巻5号（1961年）。

は他覚的所見と呼ばれている。すなわち、逆行性健忘は単なる主観的問題ではなく、医学上は他覚的所見なのである。そうすると、逆行性健忘の存在の立証には医学鑑定が有益ということになる。上述の水戸地土浦支判昭48・2・28の事例でも医学鑑定（精神鑑定）によってこれが確認され、判決も「被告人の司法警察員及び検察官に対する前記各供述の事実を推察し得る証拠も全くなく……」とされ、無罪になっている。

さらに、自白について考えるべきは、信用性はもとより、任意性の問題である。交通事故の場合、過失が問題になるのは衝突の直前数秒以内のことが大半であるが、衝突によって短時間でも意識喪失・混濁をきたせば逆行性健忘のため直前の運転状況は想起できないはずで、多くの事例において、できるはずのない供述が調書にとられているわけである。記憶のない人が誘導あるいは理詰めの尋問によって自白させられる場合、任意供述といえるであろうか。筆者はこのような場合にも任意性を否定する余地があると思うのである。その他、自白任意性の問題については拙稿[9]を参照願いたい。

英米法における訴訟能力と健忘症

指宿 信 成城大学教授

はじめに

健忘症は一般に「記憶喪失」などと混同されるが、医学的には「物忘れ」であっても健忘症の範疇に含まれ、かなり広い症状を指す医学用語である。本稿は、この健忘症と被告人の訴訟能力との関係につき英米における法状況を報告する。

---

[9] 北潟谷仁「弁護活動と精神医学」日本弁護士連合会編『現代法律実務の諸問題〔平成16年版〕』（第一法規、2005年）。

健忘症（amnesia）についてAPA（アメリカ精神医学会）は２つのタイプを置く。１つは器質的健忘症（amnestic disorder (organic amnesia)）と呼ばれるもので、治療や薬物濫用、投薬、毒物摂取などから発症するものである。もう１つは、解離性健忘症（psychogenic amnesia）というカテゴリーで、機能的健忘症（functional amnesia）や心因性健忘症（dissociative amnesia）とも呼ばれる。これらはトラウマやストレスなどから発症する症状を指す。いうまでもないが、健忘症のうち訴訟能力の有無が刑事裁判で問題となるのは、罹患以後の記憶を失う前向性の健忘ではなく以前の記憶を失う逆行性の健忘である。逆行性健忘症の発症実態についての調査として、交通事故被害者のうち事故後に高度救命救急センターに搬送されるほど致命的で重度の身体的外傷を負った集団を調査したある研究では[10]、対象者のうち２割ほどに逆行性健忘症の訴えが確認されたと報告されているところ（おおむね心因性と見られている）、被告人側（加害者）においてもそうした発症の可能性は少なくないものと推察できよう。

　わが国において、法学分野においては残念ながら逆行性健忘症を本格的に検討した論考はほとんどない[11]。また、医学論文に検索対象を広げても逆行性健忘症と訴訟能力の関係について論じた論文も見当たらない。そこで、英米における訴訟無能力原因としての健忘症をめぐる法的現状を紹介することには一定の意義があると思われる。なお、紙幅の関係上本格的な論考は別稿を予定していることをお断りしておきたい。

---

[10]　辺見ほか「交通外傷患者における精神的ストレスに関する研究」（2005年）http://www.ncnp.go.jp/nimh/seijin/Henmi_H17Kokoro_text.pdf参照。

[11]　青木・前掲注*3論文ならびに拙稿「逆行性健忘と訴訟能力」岩井宜子古稀『刑法・刑事政策と福祉』（尚学社、2011年）に限られる。学術紀要において100本以上の文献が健忘症を論ずるが、医学系の論文がほとんどで法律系のものは大変乏しい。実務上争われるケースが少ないからというのが理由であろうが、公刊判例として名古屋高金沢支判昭49・7・2刑月6巻7号775頁（被告人が脳損傷による逆行性健忘のため事件当時の記憶を一切喪失していることから防禦権行使が不可能であるとして公訴棄却した一審判決を破棄差し戻した事例）、大阪高判昭59・9・30判タ534号224頁（被告人の記憶喪失を理由とする公判手続停止の申立を認めなかった事例）の２例が見つかった。

イギリスにおける「訴訟無能力答弁」と「健忘症」

英国法では被告人に訴訟能力がない場合に弁護側から「訴訟無能力」答弁（unfitness to plead）が行われる。これは1964年刑事手続（精神障碍）法（Criminal Procedure (Insanity) Act 1964）4条に基づいており、裁判所は公判開始後のいかなる時点であっても被告人に推認される精神障碍の度合いに応じ、被告人に利益となる場合には訴訟能力に関わり裁判を延期することが許されている。英国法では、訴訟能力問題は裁判官の専権事項で陪審は立ち入らない。ただし、訴訟能力問題が判断されるより前に陪審が訴因すべてについて無罪判断を行った場合は、裁判所は判断する必要はない。裁判所は、適任とされた専門家を含む最低2名以上の医療関係者による書面ないし口頭による証拠に基づいて訴訟能力判断を行わなければならないことになっている。1991年、同法は刑事手続（精神障碍及び訴訟無能力）法（Criminal Procedure (Insanity and Unfitness to Plead) Act 1991）へと改められた。

英国では、たとえ訴因事実すべてについて記憶を失っている場合でも健忘症単独で訴訟無能力答弁を構成することはないとされてきた。1960年のポドラ判決[*12]がその先例とされており、近年の裁判例においてもそうした立場に変更はない。たとえば、交通業過事件において被告人が公判廷で犯罪状況に関して説明できないという健忘症状態につき、これは必ずしも「精神障碍」を意味せず、被告人が争点となっている出来事を思い出せない場合に、仮に思い出せたとしたら公判の結論が異なるかもしれないときでも、被告人は公正な裁判を受けることは可能であるとされている[*13]。

こうした判例の態度を受けてか、英国法学界で健忘症をめぐる議論は低調に見える。学術論文においても健忘症を被告人の防御に関わって論じたものは乏しい。ところが、1979年から1989年にかけて229件の訴訟無能力認定を受けたケースを調査したマッケイによれば、健忘症が因子とされたものが3件（1.3％）報告されており、判例上の冷淡さに比べて報告例が確

[*12]　R. v. Podola (1960), 43 Cr. App. R. 220.

[*13]　Hughes v. HM Advocate, 2001 WL 513097(HCJ Appeal), 2002 J.C.23.

認されたことは興味深い*14。また、1991年法の施行後5年間に訴訟無能力認定がなされた123件を調査した際にも、そのうち29件において部分的もしくは全面的な健忘症の訴えを確認したと報告している*15。したがって、裁判実務上で健忘症の申立事例が少ないとは決していえず、学術的関心が低いのがわが国と共通する。

アメリカにおける「訴訟能力」と「健忘症」

他方、議論が活発なのはアメリカ法で、訴訟能力論一般においてもそうだが、健忘症をめぐって議論も判例も多数に上る。

今日、アメリカ法における訴訟能力は「ダスキー基準」と呼ばれるテストに依拠するが、これは1960年の合衆国最高裁判例に由来する*16。基準は二分テストから成り、いずれかの要素が欠けていると訴訟無能力と判定されることになる。第1はコミュニケーション能力であり、被告人には「相当程度理性的な理解に基づいて弁護人と相談できる十分な能力を備えている」ことが求められ、第2は公正な裁判テストで、被告人が「自らが直面している手続について理性的理解をしており、また事実に関わる理解をしている」ことが求められる*17。

では、アメリカの判例上、健忘症はどのように扱われてきたのであろうか。

アメリカにおける健忘症をめぐる判例として最も重要なケースは、ワシントン特別区巡回区裁判所が1968年に出したウィルソン判決である*18。同裁判所は健忘症が訴訟無能力の根拠になりうることを正面から認め、その判断にあたっては公訴事実に関わる諸状況についての被告人の記憶が公正な裁判を保障するうえでどの程度必要かに依存するという「相対説」の立場

---

*14　R.D. Mackay, The Deline of Disability in relation to the Trial, Criminal Law Review [1991]87.

*15　R.D. Mackay, An Upturn in Unfitness to Plead? Disability in relation to the Trial under the 1991 Act, Criminal Law Review[2000]532.

*16　Dusky v. United States, 362 U.S. 402(1960).

*17　米国における訴訟能力判例を紹介した文献として、ハレック（滝口直彦ほか訳）『精神障害犯罪者——アメリカ司法精神医学の理論と実際』（金剛出版、1994年）、横藤田誠『法廷のなかの精神疾患——アメリカの経験』（日本評論社、2002年）、岩井宜子『精神障害者福祉と司法〔増補改訂版〕』（尚学社、2004年）等がある。

*18　United States v. Wilson, 391 F. 2D 460(1968).

をとった。そのうえで、健忘症を理由とする訴訟無能力判断につき具体的なテストとして以下の基準を示し、管轄外の裁判所でも大いに参考にされてきた。

① 健忘症が、弁護人との協働、弁護人の助力する能力に与えた影響の程度。

② 健忘症が、自己に有利に証言する被告人の能力に与えた影響の程度。

③ 被告人の健忘症の観点から外的に構成され得た証拠の程度。当該証拠は、アリバイと同様犯罪自身、そして関連する証拠を含む。

④ 検察側が被告人と弁護人に記憶の回復に関して援助した程度。

⑤ 検察側の事件の強さ。無罪の合理的可能性をすべて否定するほどか否か。

⑥ 被告人が公正な裁判を受けたか否かを示す他の事実や状況。

学説の状況を見てみよう。訴訟能力論で著名なローシェらは、このウィルソン判決についてこう評している。すなわち、「ウィルソン判決は健忘症の狭い論点を超えていく可能性を示唆している。この判決は、実際の公判における被告人の能力とその欠如という機能的な評価を許容するアプローチをとっているからである。ときには公判が"公正"であったかどうかに関して、公判後の審査によって無能力である可能性のある被告人について問題が提起される可能性もある」として積極的な意義を見出す[19]。だが、こうした基準が提供されていても、実際のところ、圧倒的なアメリカの裁判例は「健忘症それ自体は無能力と同視されないとする」[20]。そればかりか、米国の裁判所は一度も健忘症単体で訴訟能力を否定したことはないとさえいわれている[21]。

その理由は2つ考えられる。第1は、非常に多くの健忘症の訴えが被告人側から出されていて、裁判所は詐病を疑うのが一般的となってしまい、その積み重ねから健忘症を一般的な「物忘れ」と擬制すらしてしまっている。第2の理由は、訴訟能力の判定基準とされた「ダスキー基準」では訴訟手続上被告人に不利な結論が出やすいという問題である。

---

[19] Roesch & Golding, Competency to Stand Trial (1980) p39.

[20] Donald Paull, Fitness to Stand Trial (1993) p.68-9.

[21] Roesch & Golding, supra note 9, at 93.

第1の点でいえば、「Schacterによって要約された研究によれば、記憶喪失の主張は殺人事件の公判のうち23％から65％で行われている。……ある研究では59件の殺人事件の被告人のほとんどが"部分的"あるいは"ぼんやりした"健忘を主張していた」という[22]。外見上も言語能力面でも精神障碍や聴覚言語障碍等の場合のような顕著な特徴が現れず、単に記憶がないというだけでコミュニケーションにも表面上問題がないように見える被告人を無能力とすることに強い躊躇がある。詐病の割合は不明だが、たとえば少なくともひとつの研究[23]が、「ポリグラフ検査とアモビタール・テストの結果いずれの被告人にも健忘症を裏づける根拠を見出しえなかった」としている。また、刑罰制度に慣れている家庭の犯罪者ほど健忘を主張するという指摘もあるし[24]、死刑事件ほど主張されやすいという見解も見られる[25]。

第2の点でいえば、ダスキー基準では健忘症に特徴的な事実面での理解能力が軽視されていると考えられる。たとえば、1994年のギルバート事件ではコネチカット州最高裁判所がたとえ記憶喪失があっても弁護人とのコミュニケーションや助力を得る能力に不利益は生じていないと判示しており[26]、2001年のパルマー事件でもコロラド州最高裁判所は、被告人が事件の事実関係を思い出せず証言不能であったとしても、弁護人に相談し法廷戦術を立てられる能力がある以上、被告人は訴訟能力を備えていると述べている[27]。このように、諸州の裁判例から、訴訟能力一般に関わるダスキー基準に拠るだけでは健忘症が無能力判断に結びつく可能性はほとんどないことが伺える。

それでは、健忘症に焦点を当てたウィルソン基準であればどうか。この点、ウィルソン基準についても、健忘症について訴訟能力の機能的評価を可能

---

[22]　Note, the Right to an "imperfect" trial - Amnesia, Malingering, and Competency to Stand Trial, 32 Wm. Mitchell L. Rev. 353, 360(2005).

[23]　Thomas Grisso, Competency to Stand Trial Evaluations: A Manual for Practice (1980) p.60-1.

[24]　J. W. Bradford & S. M. Smith, Amnesia and Homicide: the Padola Case and a Study of Thirty Case, 7 Bull Am. Acad. Psychiatry & L. 219, 228(1979).

[25]　Maaike Cima et al., Claims of Crime-related Amnesia in Forensic Patients, 27 Int'l J. L & Psychiatry 215, 220 (2004).

[26]　People v. Palmer, 31 P. 3d 863(Colo. 2001).

[27]　State v. Gilbert, 640 A. 2d 61, 65 (Conn.1994).

にし裁判の公正さに疑いを抱かせる契機が認められるのに、それが有効に機能していないと批判されている。そのため、ウィルソン基準の改革を主張するティッセらは、「公正裁判の侵害の程度により焦点を当てる」として、被告人の証言能力や弁護人とのコミュニケーション能力、被告人をめぐる情況を総合的に考慮して判断すべきとの提案をしている[*28]。

まとめ

このように英米法——とりわけ米法——においては、逆行性健忘症が多くの事件で被告人から主張されている一方で、裁判所で健忘症単独で訴訟無能力と判断されることはない。しかしながら、そうしたなかでも健忘症に特有の訴訟能力判定基準を策定しようという動きは見過ごすことはできないであろう。合衆国最高裁はこの点、あらゆる訴訟無能力原因を統一的に理解し、またその判定基準も統合化しようとしているが、下級審においては必ずしもそうした方向性が踏襲されているわけではないといえよう。

冒頭で指摘したように、わが国においても交通事故被害者調査に見られるように健忘症の出現は決して珍しいものではないのであり、今後、訴訟の場において適切な判断方法と判断基準は不可欠ではなかろうか。わが国の裁判例においては、弁護人による被告人に不利益と考えられる書証不同意や反対尋問等がなされた経緯に照らして、「被告人の記憶喪失により防禦権の行使に著しい不利益が生じていることは認められない」とするものもあるが[*29]、こうした法廷での弁護活動に防御権行使の十分さを委ねてしまうのがわが国の裁判所の特徴であり、ウィルソン基準と比べてもその多面的な視座とは大きな隔たりを感じざるをえない。裁判員裁判を迎えますます法廷の防御活動が重視される今日、科学的医学的知見の進歩も目覚ましいところ、適切な判断枠組みを見出すべきときにあると考える。

---

*28 J.Tysee & T. Hafemeister, "Amnesia and the determination of competency to stand trial", 25 Developments in Mental Health Law, vol.25 (2006) 65, at 80.

*29 前掲注11・大阪高判昭59・9・30参照。

聴覚障害

聴覚障害者の刑事被告人と訴訟能力

金岡繁裕 弁護士

本報告において取り上げる内容

　訴訟能力に関する重要な最高裁判所の判例として、1995（平成7）年2月28日付け及び1998（平成10）年3月12日付けのものがあり、これはいずれも、聴覚障害者である刑事被告人についてのものである。

　後者の事件については、担当弁護人のご厚意により刑事記録を貸与いただいたほか、直接の弁護経験を伺うこともでき、前者の事件についても鑑定書を検討することができた。意思疎通能力及び判断能力の双方が問題となる類型であり、深めた検討を行えたことは意義深い。

　本報告では、以上の研究について報告する。

平成10年最判

1　本件（後掲中島報告の「第1事件」）被告人（T、1937〔昭和12〕年生まれ）は、事件に先立つ1985（昭和60）年、住居侵入罪で起訴され、有罪判決を受けた。このときは責任能力も訴訟能力も争われていない。Tは、「太った男」「聞こえるT」が犯行を行い、自分はそれを目撃したとして犯人性を争った。Tの、このような主張は、Tが訴追を受ける場合は常に現れている。

2　本件は、1987（昭和62）年に起訴された常習累犯窃盗罪である。

⑴　1991（平成3）年10月22日の第一審判決まで約30回の公判が行われ、現行犯逮捕等に携わった警察官、Tの少年事件時代からの通訳人にして聾学校教員、Tに関わりのある他の警察官、検察官調べ時の通訳人、法廷通訳人、聾学校教員等々の尋問が実施されたうえ、2度にわたる鑑定が実施された（結論は心神耗弱を認定のうえで有罪）。以下、特徴的な審理状況を取り上げる。

　①　弁護人は、黙秘権告知や被告人質問実施時の被告人への説明を丁寧に調書記載するよう繰り返し要望しており、被告人への伝わり方、理解度が見て取れる。

　②　現場引き当たり担当の警察官の尋問では、通訳人を介さず警察官の身振り手振りのみで捜査が進められた状況、任意提出書の説明なしに署名させた状況などが明らかにされた。

　③　検察官調べ時の通訳人の尋問では、黙秘権の説明を「内緒」としてみたが理解が得られず、「しゃべる、いやならやめる」と伝えてみたがTは「しゃべってかまわない」と応じ、検察官がそのまま取調べを進めたことが明らかにされた。調書の読み聞かせの理解も得られていない様子だったが、検察官は「仕方ない」として署名させたとのことである。

　④　2度にわたる鑑定では、Tの知能が5〜6歳相当であろうことでは認識が共通されたが、「聞こえるT」がやったとの言い訳については、処罰されることが嫌だからという理解と、意味の理解があるとは思えないという見方とで対立があったようである（第一審における鑑定書は入手できなかった）。

⑵　差戻し前控訴審は、1992（平成4）年から1995（平成7）年12月7日まで3年半、係属した。中島報告で詳しく紹介されている伊東・清水鑑定（訴訟能力を正面から鑑定した）が実施され、最終的に、原審で訴訟無能力の疑いを理由に公判停止されなかった点の違法が認められ破棄差戻し判決がされた。

⑶　1998（平成10）年3月12日の最高裁判決は、破棄差戻し判決に対する検察官上告に対する最高裁判所の判断であり、訴訟能力を認める判断（破棄差戻し）が出された。この後、1999（平成11）年4月28日の差戻し後の控訴審判決、2000（平成12）年9月5日の再度の上告審判決を経て確定している。

3 担当弁護人は、差戻後の控訴審判決では自ら証言台に立ち、Tについて説明をしている。Tとの意思疎通や、Tの判断能力には弁護不能と言うべき諸点があったと思われる。

(1) 最高裁判決は、理由中の二項5において、被告人が犯人とされることを嫌って否認したり捜査官に従わなかったりする態度を摘示しており、「公訴事実への関与を否認するという被告人の基本的な防御方針」があったとの評価につなげているようである。しかし、第一審の本鑑定で、意味を理解したうえで弁解しているものとは評価できないとするものがあったことに照らせば、否認を即ち防御能力の表れと捉えることは皮相であろう。小さな子どもでも咄嗟に嘘をつくくらいのことはするのであり、否認が何を意味するかについて、心理学的な知見を深める必要がある。

(2) また最高裁決定は、黙秘権理解について、「被告人に理解可能な手話を用いることにより、その趣旨が相当程度伝わっていて、黙秘権の実質的な侵害もないということができる」としている。

しかし、検察官調べ時の通訳人が、黙秘権や読み聞けについて理解を得られていないという認識を示しているのだから、捜査手続全体に黙秘権侵害の違法があったことを否定する余地はなかったと思われる。後述する第3事件の広島高裁岡山支判平3・9・13のように、捜査手続の問題点を指摘し公訴提起の有効性を検討する程度の見識は必要ではなかっただろうか。

平成7年最決

1 本件（後掲中島報告の「第3事件」）は、鑑定書を検討したのみであるため、簡単に紹介するにとどめる。

岡山地裁の第一審判決で訴訟能力なしとして公訴棄却され、広島高裁の第二審判決では訴訟手続の停止決定がされ、1995（平成7）年2月28日の最高裁決定で上告棄却とされた。

2 鑑定書によれば、被告人Mは先天的な聾者であり、聾学校教育もごく短期間にとどまり手話も使いこなせない。独自に体得したコミュニケーション手段はあるが、「人の気持ちや意図等に関して意思疎通することは極めて難しく」「現象面だけを捉えて自己流に理解する傾向が強い」、したがって

コミュニケーションにおけるMの理解度を確認することさえ容易ではない、知能検査の方法いかんで精神年齢は13歳8カ月から5歳以下とばらついた評価になること等が指摘されている。

　聾者であるMの視点でのコミュニケーションが、どのように構成され、それが外部からはどのように誤解されて受け止められる可能性があるかについて、鑑定人の専門分野に立脚して、自白調書はおろか弁護人批判まで交えて論究されている点は、この分野に携わる法曹に対する貴重な示唆であり、警鐘であると思われた。

心理学的観点からの鑑定書の紹介

中島 直 　医師

　訴訟能力は種々の障害で問題となりうる。本邦の裁判例では、聴覚障害及び知的障害を持った被告人の例が注目されている。われわれの研究会では、そのうち3例について、伊東儁祐・清水美智子鑑定人による、心理学的観点からの鑑定書を入手し、検討することができた。個人情報に配慮しつつ紹介する。筆者は以前、精神医学の立場から、訴訟能力の裁判例について検討したことがある[*1]。

第1事件

　最高裁1998（平成10）年3月12日判決のもととなった常習累犯窃盗被告事件である。一審：訴訟能力あり、控訴審：訴訟能力なし・破棄差戻し、最高裁：訴訟能力あり・破棄差戻し、差戻し後の控訴審：控訴棄却、差戻し後の上告審：上告棄却という経緯で確定した。

[*1]　中島直「刑事裁判における訴訟能力についての裁判例の検討」精神神経学雑誌108巻11号（2006年）1128〜1141頁。中島直『犯罪と司法精神医学』（批評社、2008年）84〜104頁。

一審でも精神鑑定がなされているが入手できなかった。伊東氏らの鑑定書は、1回目の控訴審の段階で作成された。本稿で述べる他の鑑定書についても共通であるが、同氏らは、相手に対する肯定的関心を持ち、方法や話題を柔軟に設定する臨床面接法と、多数の関係者から事情を聴取する聞き取り調査法を採用している。所見として以下のような記載がある。

まわりの人間が信頼できるか否か等について自分で判断する能力がある。「悪いことをした自分は前、前のこと。今はしていない。36歳の○○（本人の名前）が悪い。この○○は泥棒をしていない」、「2人の○○が登場し、盗みをする若い○○を見つけて、この自分は捕まえようとしたのに間違って逮捕された」等と述べる。コース立方体組合せテスト（立方体の積木を用い、提示した模様と同じ柄を作成させることによって知能程度を測定する知能検査。言語能力によらずに知能が測定できる）で、精神年齢9歳0カ月、知能指数57。カレンダーは用いることができる一方で曜日を理解できないなど、具体的動作的水準では捉えられるが一般的抽象的概念が欠如している。数量も一般的概念は4〜5歳の水準であるが、具体的には不自由なく買い物をし、毎月の支払いもする。仮定のうえで考えることが困難。「もし電車に乗り遅れたら〜」⇒乗り遅れない、大丈夫。「もしあなたの家が火事で燃えているのを見つけたら、どうするか」⇒火事にならない。しかし、もし自分が年老いて今のように働けなくなったらどうするか、という質問は、当初は了解不能のようであったのに、やがて具体的にイメージできるようになった。仮定法は了解困難だが、具体的な手がかりを得て直感的に察知する能力がある。自分の目に見える具体的な状況がすべてであるから、表面に現れてこない仕組みや目的、因果関係を想定できず、なぜ、どうして、何のため？という問いが理解できない。答えたくなければ答えなくてもよいということを伝えようとしても、了解できない。被告人自身、聞かれたら何か答えたい、何かそれらしく話をしたいと、強く欲しているからである。「わからない」ということがわからないために、「わからない」と言わないで、わかる範囲で当てずっぽうに応答しようとする。ちぐはぐで会話にならず、質問に答えないで自分勝手にしゃべりたがるとみなされる。表現手段は、「家」「父」など極めて一般的な手話と、独自性の極めて強い手話と身振り・動作などの非言語的手段の混然とした使用である。表現する内容は、一般概念を持たないがゆえに、自分の具体的な生活事情や自分の思い

とか直接体験、あるいは自分の目に止まった現象的なこと等、自己に中心化した話題に限定されている。言語生活を営んでいるわれわれが、被告人の表現を理解しようと接近することは可能であっても、被告人の方からは、言語を媒介にしたわれわれの思考体系による表現を理解することは不可能。理解の仕組みがわれわれとは決定的に異なっている。

結論として以下のように記されている。被告人の意思疎通能力は極めて特異であるから単純に比較できないが、あえて言えば3〜4歳のレベルといえよう。「黙秘権」とか「弁護人選任権」といった言葉の意味を伝えることは、極めて困難である。「今、黙れ！」はわかっていても、「黙秘権」の内容は捉えられない。「弁護人」や「裁判官」の職務やその機能もおそらく不了解のまま、「盲目・人」「しゃべる・助ける・人」、あるいは「黒い服・人」「刑・決める・人」といった理解と伝達のレベルにとどまるのであろう。

第2事件

事情から鑑定書以外の資料がなく詳細不明である。住居侵入・強姦未遂被告事件のようである。

所見として以下のように記されている。コース立方体組合せテストで精神年齢12歳6カ月、知能指数78。WISC-R（一般的に行われる小児用知能テストで、言語性検査と動作性検査で構成され、さらに細かく知的能力の分布を見る下位検査がある）で言語性5歳以下〜5歳2カ月（平均5歳以下）、動作性5歳以下〜10歳2カ月（平均7歳9カ月）。紙幣貨幣の価値体系を理解し両替能力はあるが計算はできない。読書力診断検査や絵画語彙発達検査では7〜8歳の水準である。幼児・児童読書力検査では、文・文章の理解力が6歳未満であった。書字能力は高い（住居侵入・強姦未遂被告事件と書ける）が手紙は文の体をなさず、本人には意図があるが相手には通じない。言葉の問題にとどまらず思考の問題でもある。想念をまとまりのあるものとして捉える内言語を欠いている。相手の話が理解できないまま、あるいは理解できないということがわからないで、自己流にわかったつもりになって自己主張するから、一方的で自己中心的だと非難されることになる。なんとなくこの感じ、なんとなく関係があることがわかるという大まかな理解の仕方、それで偶然に正解になることも時にはあるのだろう。その時々

で違う回答をすることに矛盾を覚えない。「話したくない」というのが理解できない。有利不利はお金を拾う・お金を捨てるといった即物的な理解しかできない。「裁判　黙ってる　おこる　ありません」「話す　いい」「黙っている　いい」といったレベルではなんとなく伝わっている。

　結論として以下のように記されている。直接経験したことや目に見えること、自分に関わる具体的なことがら等については、相手の質問の意味を理解して応答でき、ほぼ支障なく意思疎通できる。直接目に見えない因果関係やことがらの仕組み、人の気持ちや意図等に関して意思疎通することや具体性を離れた一般事象や抽象的な概念についての意思疎通も困難である。黙秘権は、定義できるほど明確にはわかっていないが、まったくわからないわけではない。なんとなくこういうことらしいという程度の曖昧なわかり方にとどまるであろう。

第3事件

　最高裁2003（平成7）年2月28日決定のもととなった窃盗被告事件である。一審では公訴棄却とされ、控訴審では公判手続の停止とすべきとされて破棄差戻しとなった。上告審でこれが支持され、地裁が公判停止を決定し、2年後、検察側が公訴を取り消し、地裁が公訴棄却を決定した。

　伊東氏らによる鑑定書は、差戻し第一審の段階で作成された。所見としては以下のような記載がある。

　能力はあるが飽きやすくて根気がない。コミュニケーション手段としては、手話と独自の身振り手振り、表情、発声、数字・文字、絵による表現や地図や実物指示等を組み合わせて使用する。聞いてくれる相手がいれば話したい欲求が強い。心理検査では、コース立方体組合せテストで、精神年齢13歳8カ月、知能指数85。WISC-Rでは、動作性検査で、絵画完成6歳10カ月、絵画配列5歳以下、積木模様9歳2カ月、組合せ9歳6カ月、符号6歳2カ月、言語性検査は測定不能であった。カレンダーは使えるが時間の一般的な概念はない。「もしあなたが指を怪我したらどうするか」と問われると、〈怪我しない、大丈夫〉と答える、というふうに、仮定では考えられない。自分の嫌な話題に対しては無視し応答しないが、「もし言いたくなければ」という黙秘権を伝え理解させることはできない。表現・伝達手

段の問題ではなく、言語機能を欠く思考・認識構造に由来するからである。金銭取扱い能力は優れている。嘘をつく知恵をもっている。被告人の意識とは無関係に、被告人に理解できない裁判が続いているが、被告人にとっては福祉の制度や仕組みがわからなくても働かずに金がもらえればよいのと同様に、何ら支障を感じていないといえよう。

　結論としては以下のように記載されている。被告人に可能な交信手段を共有し被告人に理解可能な話題を共有する限りにおいては、ほぼ支障なく意思疎通できる。しかし直接目に見えない因果関係やことがらの仕組み、人の気持ちや意図等に関して意思疎通することは極めて難しい。どのように理解しているかを確かめること自体が容易ではない。自分の世界だけがすべてであって自分の理解できない意味世界があることを知らないから、不都合を感じていない。「わからない」ということがわからないまま、むしろつねに自分のことを話したい見てもらいたい聞いてもらいたい欲求が強く、自分本位になりやすい。著しい精神発達の不均衡である。黙秘権を告知しようとしていかなる手段を用いても、理解させることは難しい。

　なお、本件の鑑定書については、公刊されたものとしては、渡辺修[*2]による報告もある。

まとめ

　精神鑑定は精神科医に依頼されることが多い。しかしそれが適任か疑問に思うこともある。まず該当する精神障害の特性についての専門的知識・経験が必要であるが、実は多くの精神科医は知的障害を専門的に扱う機会は少なく、聴覚障害に至ってはさらにはるかに乏しい。また、被鑑定人に能力のばらつきがあるような際にはそれを分類し個々に細かく分析する技量が必要である。一方で、今回のように、訴訟能力が問題となった場合には、刑事手続の場という特殊な状況において要求される能力に対する認識が必要であるということになる。責任能力判断において、心理学的要件につき、鑑定医が判断できるか否かについて議論がある。多くの精神科医は訴訟に

---

*2　渡辺修「聴覚障害者と刑事裁判における訴訟能力の有無」判例時報1658号（1999年）246〜250頁。

なじみが薄く、訴訟における自己防御能力等は犯行時の弁識能力や制御能力よりも判断し難い。したがって鑑定医が結論を出すべきでないとの主張も十分成り立つ。しかし仮にそうであってもその判断に向けて材料を提供するのは鑑定医の役割である。一部の論客[*3]を除き、精神科医の中には訴訟能力を分析的に捉える視点は薄い。筆者自身、数度にわたり教示しても「困ったときは弁護人に相談」という考えを持つことができなかった被告人について「訴訟能力なし」と鑑定したことがある[*4]。とうてい十分とはいえないが、一つの視点を提供したとは考えている。上述した伊東・清水鑑定は、両者が種々の立場で聴覚障害及び知的障害を有する人々に接してきた経験に裏打ちされ、その障害特性や本邦の障害者施策・制度の問題点に対する深い認識を背景にしている。一般の精神科医の考察の範囲をはるかに超えたものであると言えよう。

　ただし、これがどれだけ一般化しうるのかという問題もある。柔軟な面接法は人によって結論が変わることにつながるし、多くの人から事情を聴取するやり方は度を過ぎると証拠能力の問題にも発展するであろう。日本の刑事手続には多数の知的障害者が存在しており、現実的能力よりも抽象化能力に難を有する者が多く、特に目に見えず経験したことのない仮定の話を理解し難い者は珍しくない。鑑定従事及び矯正施設勤務の経験からも、日本は知的障害者に対する訴訟能力を広く認め過ぎているという印象を持ってはいるが、みな訴訟無能力と判断するのは現実にそぐわないから、判断の基準を定めていくという視点が必要なのであろう。

　第2事件はどのような扱いになったのかわからないが、第1事件と第3事件につき、伊東・清水鑑定ではほぼ同様の結論になっているのに、司法判断は、第1事件は訴訟能力あり、第3事件は訴訟能力なしと、まったく反対になっている。狭い意味での能力は、心理検査の結果に明らかなように、第3事件の被告人の方がむしろ高いと考えられるにもかかわらず、である。鑑定の考察が十分に生かされていないと感じる。ここでは詳述しないが、

---

*3　西山詮「精神遅滞者の訴訟能力訴訟空間における知能の関連分析」精神神経学雑誌90巻2号（1988年）111〜124頁。西山詮「日本の刑事訴訟における当事者主義と訴訟能力」精神神経学雑誌94巻3号（1992年）268〜278頁。西山詮『刑事精神鑑定の実際』（新興医学出版社、2004年）。

*4　中島直「精神発達遅滞者の訴訟能力鑑定例と過去の裁判例の検討による考察」第102回日本精神神経学会プログラム・抄録集（2006年）S260頁。

黙秘権の理解という課題に対する十分な合意がない。第1事件の被告人は犯行を否認するような発言をしていたことが大きく影響していたように感じられる。黙秘権とは何か、その理解とは何を言うのかについて、法律学及び精神医学・心理学的観点から、理論及び実務の両面を通じた議論が必要であろう。

自閉症

所沢事件における訴訟能力

北潟谷 仁 弁護士

はじめに

　所沢事件は自閉症スペクトラム障害を有する人の訴訟無能力を裁判所が認めた、本邦において初の事例であり、後掲論文の共著者・高岡と木村はこの事件における共同鑑定人である。なお、本書の基となった研究会は各事例の記録に基づいて訴訟能力上の問題を明らかにすることを原則としているが、この事例については記録を入手することができなかったため、裁判所の決定文と高岡の著作[1]に基づいて本稿を作成した。

事件の経過

　被告人（30歳代後半の男性）は複数の児童の頭部を、平手ないし手拳で殴打する暴行を加えたとして起訴された。弁護人は訴訟能力を争って鑑定を請求、高岡と木村が鑑定人に選任された。鑑定書の概要は後掲高岡・木村論文のとおりである。裁判所は訴訟無能力を認めて公判手続を停止した（さいたま地川越支決平18・10・12）。これに対し弁護人は主位的に免訴、副次的に公訴棄却を求めて抗告したが、容れられなかった。

---

[1]　高岡健『精神鑑定とは何か』（明石書店、2010年）。

鑑定内容と裁判所の決定について

1　被告人が自閉症により非常に多岐にわたるコミュニケーション障害を有するうえ、中等度精神遅滞の領域にあることは鑑定（後掲高岡・木村論文）によって十分に明らかにされており、訴訟能力を否定した裁判所の判断は相当であったと思われる。ただ、裁判所が免訴もしくは公訴棄却を認めず、公判手続の停止にとどめた点はいかがであろうか。本被告人の自閉症及び知的障害が今後変化しうるとは考え難く、訴訟能力の回復可能性はないといっても過言ではないから、最三小決平7・2・28における千種秀夫裁判官の補足意見が、公判手続停止を原則としつつも、「裁判所としては、検察官の公訴取消しがない限りは公判手続を停止した状態を続けなければならないものではなく、被告人の状態等によっては、手続を最終的に打ち切ることができるものと考えられる」という場合に該るというべきではないか。その意味では弁護人の抗告を棄却した裁判所の判断は不相当かつ違法であったと思われる。被告人の障害が拘禁反応等で、治療による回復が期待できる場合とは事情が異なるのである。

2　訴訟能力を測定する構造化面接のCAST-MR（Competence Assessment for Standing Trial for Defendants with Mental Retardation）について、後掲高岡・木村論文が「日本では未だCAST-MRの標準化が行われていないこともあり、少なくとも現時点では点数に拘泥すべきではなく、質問の素材として用いるべきであろう」としていることについて、筆者も同感である。

　CAST-MRは1992年に米国で開発された検査法で、基本的な法的概念について3つの選択肢の中から1つの正答を選ばせる第1セクション25問、仮想場面を提示して被告人がとるべき行動などを3つの選択肢から選ばせ、弁護士を助ける能力をみる第2セクション15問、自分の事例についていくつかの質問に答えさせる第3セクション10問で構成され、満点は50点である。精神遅滞のない群、精神遅滞があるが訴訟能力のある群、精神遅滞があり訴訟能力もない群の3グループに適用し、それぞれ平均が45点、33〜38点、24〜27点に分かれるという調査結果が得られたとされている。しかし、本件で鑑定助手を務めた中島直医師（多摩あおば病院）が第1セクションのうち6問は制度の違いや適当な訳語がないため、翻訳では25問中19問

しか利用できなかったというように、本検査は米国の法制度に適応するように構成されている。後掲高岡・木村論文に引用されている第1セクションの〈あなたの弁護士は何をしますか？〉との問いについても、訴訟構造のとらえ方によっては、〈う．あなたの味方になる〉のみが正答というのではなく、〈あ．事件を解決する〉〈い．裁判官を助ける〉の中にも正答性の要素が絶無ではないようにも思われるのであるが、いかがであろうか。いずれにしても、本邦の国民性と法制度により適応する検査法が開発されることを期待したい。

捜査過程の問題について

　本件においては裁判所の公判手続停止決定も「黙秘権の内容を理解しているとは認めがたい応答をしている」と認定しているが、このことは捜査段階においても同様であったはずである。

　高岡は「Aさんの場合には質問の仕方によって、明らかに事実とは異なる陳述がみられた。同様の現象は、捜査段階でのやりとりについてもみられたはずである。つまり、訴訟能力がないと判断された被告人の陳述は、捜査段階における自白にまでさかのぼって、取り消されるべきなのである」としている[*2]。

　このことは筆者もかねて主張するところであり[*3]、訴訟能力なき被疑者による黙秘権の放棄（すなわち供述）はそれ自体が背理であって無効であり、当然に証拠排除されねばならず、また、かような自白の任意性は否定されて然るべきであると考えている。すなわち、第一に被疑者も訴訟能力を要するとともに、第二に実体形成行為（その典型は供述）においても訴訟能力の欠缺は無効原因になるということである。なお、刑事訴訟の基本理論上どのような立場をとるにせよ、供述は一般に（法律行為ないし意思表示的行為に対する意味で）事実行為であるとされており、信用性判断はその事実行為性に着目する評価であるといえる（供述の信用性判断は供述者の誠実性評

---

*2　同上。
*3　北潟谷仁「弁護活動と精神医学」日弁連編『現代法律実務の諸問題〔平成16年版〕』（第一法規、2005年）、同「刑事裁判と訴訟能力」中谷陽二編『責任能力の現在』（金剛出版、2009年）。

価と関連しており、したがって価値の問題と無関係とはいえないが、しかし、その核心は供述内容と過去の客観的事実もしくは記憶という主観的事実との合致の有無にあり、供述を事実性の面からみていることは否定できない）。しかるに、少なくとも被疑者・被告人に関する限り、供述のかような事実行為性にのみ着目せる理解は、誤りとはいえないまでも、不十分であり、このことは供述が黙秘権の放棄と同義であることに思いを致せば直ちに理解されるはずである。すなわち、それはカント哲学の文脈でいえば事実問題（quaestio facti）である前に権利問題（quaestio juris）なのである。結局、被疑者の供述を事実行為性の面からみてきた多くの見解においては黙秘権の権利性についての洞察が皮相であったといわざるをえず、この権利性の認識は自白任意性批判の視点へとわれわれを導くのである。

したがって、被疑者の訴訟能力に疑問が生じたときは直ちに鑑定（裁判所における証拠保全としての鑑定）を請求し、自白の不任意性を明らかにするとともに、訴訟無能力による不起訴処分を導くことが好ましいと考えられる。

自閉症を有する者の訴訟能力

高岡 健 医師
木村一優 医師

はじめに

自閉症は、3歳以前から認められる社会的相互交渉の障害・コミュニケーションの障害・想像力の障害という3つ組を指標として診断され、その有病率はおよそ100人に1人である。司法精神医学において自閉症が注目されるようになったのは比較的最近であり、自閉症の精神鑑定に関する研究は、日本においても海外においても、今なお責任能力をめぐる議論にとどまっている。

本稿では、所沢事件と呼ばれる暴行被告事件を惹起した、自閉症と中等度精神遅滞（知的障害）を有する成人（以下、Aと呼ぶ）について、われわれが実施した訴訟能力鑑定の内容を報告し考察を加える。

所沢事件の概要及び決定

　Aは、30歳代後半の男性である。Aは、9歳の子どもの頭部を手拳で殴打したほか、複数の子どもの頭部を、平手ないし手拳で殴打する暴行を加えたとして起訴された。さいたま地方裁判所川越支部は、Aは自閉症により非常に多岐にわたるコミュニケーション障害を有するうえ、中等度精神遅滞の領域にあり、訴訟能力がないとして公判手続を停止した。

所沢事件の訴訟能力鑑定

1　精神医学的診断

　Aは、2歳まで発語がなく、幼稚園で集団になじめず、他の子どもと一緒の行動がとれなかった。またAは、現在も集団になじむことができず、無理に集団に入れようとするとパニック状態になる。対人関係のとり方も一方的で、相互交流になり難い。一方で、パターン化するとそれをまじめに行い、単純な仕事なら指示に従い続けることができる。言語表現には抑揚がなく、反響言語が頻繁にみられる。

　Aは、過去及び鑑定時の知能検査において、IQ50前後の結果を示した。田中−ビネー知能検査において、いろいろな要素で構成されている一つの場面についての叙述を求めると、そこに含まれる要素の説明をバラバラに述べるだけで、一連の出来事の因果関係を述べることができなかった。また、Aは意志伝達・自主活動・家庭生活・社会的／対人機能・地域資源の利用・学習能力・仕事を含む適応行動に関して、支援が必要な状態にある。

　以上より、Aは自閉症及び中等度精神遅滞を有していると診断された。

2　抽象的概念の理解能力

　Aは、裁判官・検察官・弁護人といった名称を述べることができるし、それぞれの役割について理解しているようにみえる。たとえば、〈検察官

は何をする人？〉と尋ねられると「取調べ」と答えている。しかし、取調べとはどのようなものか詳しく尋ねられると、「こんなこと」としか答えることができない。加えて、弁護士も検察官も「敵」であり、かつ両者とも「助けてくれる人」と述べている。

黙秘権については「こういうこと」としか答えられず、黙秘権について説明した後の再質問においても、やはり「こういうこと」という答えしか返ってこない。

3　コミュニケーション能力

Aには反響言語が多く認められる。たとえば、〈起訴されている事件は？〉という問いに「されている事件は」と答えている。また、常同的応答が目立つ。たとえば、内容の異なる質問のいずれに対しても、Aは「帰宅許可証、自転車返却証ください」と応答している。さらに、質問の仕方によって応答が変わり、イエス／ノー・クエスチョンでは正反対の結果になる場合すらある。たとえば、〈レストランの仕事は楽しかった？〉「レストランは楽しい」、〈レストラン・箱折り・プラスチックでは、どれが好き？〉「箱折り」、〈レストランの仕事は嫌いなんですか？〉「うん」といったやりとりになってしまう。

その結果、明らかに事実とは考えがたい陳述がみられる場合がある。たとえば、〈東一郎〔被害児童の名前・仮名〕という人を知っていますか？〉「知ってる」、〈名前を知ったのはどこですか？〉「○○広場」、〈名前を尋ねたんですか？〉「尋ねた」、〈自転車で追い抜きながら名前を尋ねたんですか？〉「そう」、〈コッツン〔拳で軽く頭を叩くこと〕したんですか？〉「コッツンした、追いかけてきた」、〈名前を何時に聞いたんですか？〉「4時25分」、〈時計を持ってたんですか？〉「持ってた」、〈○○広場には何時に行ったの？〉「4時30分」、〈他の子は何をしてた？〉「遊んでた」、〈木の実を拾ってたんですか？〉「拾ってた」、〈Aさんも自転車に乗りながら木の実拾いをしてたんですか？〉「してた」このやりとりどおりであるなら、○○広場へ4時30分に自転車で行き、自転車に乗ったまま木の実拾いをするが、なぜかその5分前に同じ広場で一人の子どもを自転車で追い抜き、同時に名前を尋ねつつ頭を叩いたが、叩かれた子どもは名前を教えてくれて、そのとき時計で時刻を確認したことになる。もちろん、到底ありうるストーリーとはいえない。

4 訴訟能力を測定する構造化面接

中島直医師（多摩あおば病院）の協力を得て実施した、訴訟能力測定のための構造化面接のうちCompetence Assessment for Standing Trial for Defendants with Mental Retardation（CAST-MR）の結果を以下に示す。CAST-MRは、それまでの訴訟能力検査が必ずしも精神遅滞を有する者には適当でないため、特にこの障害を有する人に適用させる目的で開発された検査である。基本的な法的概念について３つの選択肢の中から１つの正答を選ばせる第１セクション、仮想場面を提示して被告人がとるべき行動などをやはり３つの選択肢から選ばせ、弁護士を助ける能力をみる第２セクション、自分の事例についていくつかの質問に答えさせる第３セクションから構成されている。ただし、司法制度の相違、法的概念の違いや適当な訳語がないこと等から、問診項目のすべてが利用できたわけではない。それぞれのセクションから、いくつかの質問とAの回答を次に具体的に示す。

第１セクションより：〈あなたの弁護士は何をしますか？　あ．事件を解決する。い．裁判官を助ける。う．あなたの味方になる。〉⇒「い」を選び誤答。

第２セクションより：〈裁判で検察官があなたに嘘をついて、あなたはとても腹が立ったとします。あなたはどうしますか？　あ．検察官に出て行けと言う。い．あなたの弁護士に言う。う．それ以上質問に答えない。〉⇒「う」を選び誤答。

第３セクションより：〈逮捕のとき、警察官はあなたに何と言いましたか？〉⇒「僕は△△〔地名〕の家に住みたいからですって」と回答。

ちなみに、Aの合計点は22.7であり、精神遅滞があり訴訟能力がない群の平均点である24〜27点よりも低値であった。

5 鑑定主文

Aは、中等度精神遅滞を伴う自閉症を有している。Aには、自閉症によるコミュニケーション障害があり、それは知的レベルによって補いえない。さらに、裁判の構成員、手続及び黙秘権についての理解が著しく乏しい。こうしたことから、被告人として重要な利害を弁別し、それに従って相当な防御をすることのできる能力の有無・程度について、精神医学的視点から参考意見を述べるならば、これを欠いていると考えられる。

考察

　日本における精神鑑定は責任能力に偏重して実施されており、精神科医の間で訴訟能力に関する一定の見解が共有されているとはいいがたいのが現状である。一方、英米の精神医学は、ダスキー基準に準拠して、「自己に対する手続を理性的かつ実際的に理解する能力」と「現時点で合理的な程度で理性的に理解しつつ弁護人と相談するのに十分な能力」を重視しながら、訴訟能力を判断している[4][5]。そこで、以下においては、Ａの有する上記2つの能力について、精神医学的に考察する。

　西山[6]は、中等度精神遅滞を有する成人についての訴訟能力鑑定に関与した経験を踏まえ、訴訟空間と実生活空間は異なるものであり、訴訟空間では概念的思考が重要であると指摘している。Ａの場合、検察官とは取調べをする人と答えることができながらも、取調べとはどのようなものかを尋ねられると答えることができなかった。加えて、弁護士も検察官も「敵」と答えた。このことは、訴訟概念について機械的に暗記した説明は可能であっても、それを実際の訴訟空間で使用する能力が欠如していることを示している。

　自閉症を有する者は、個々の情報を理解できても、情報を統合して全体的な意味を抽出することが困難である（たとえば、テーブルやソファがあることは理解できても、全体が応接室であることは理解できない）。これを弱い求心性統合と呼ぶ。そのため、Ａは弁護士や検察官といった個々の言葉を知っていながら、訴訟空間の中で個々の役割を位置づけることができなかったのである。このように、自閉症を有する精神遅滞者の場合、単に個別の訴訟概念を知っているだけでは訴訟能力を有しているとはいえず、それらの概念を使用する能力の有無を検討することが不可欠となる。

---

[4]　Mossman D et al.: AAPL practice guideline for the forensic psychiatric evaluation of competence to stand trial. J Am Acad Psychiatry Law 35(Suppl): S3-S72, 2007.

[5]　Mackay RD: AAPL practice guideline for the forensic psychiatric evaluation of competence to stand trial: An English legal perspective. J Am Acad Psychiatry Law 35: 501-504, 2007.

[6]　西山詮「精神遅滞者の訴訟能力——訴訟空間における知能の関連分析」精神神経学雑誌90巻2号（1988年）111〜124頁。

また、自閉症を有する者にあっては、話し方は流暢で文法的に正確であっても、反響言語が多くみられ、言語の社会的使用や状況との関係が障害される。加えて、新しい情報を以前に共有した情報に統合し、先の情報と語義的に適切に結びついた応答をする能力の欠如が少なくない。これをワーキングメモリの障害と呼ぶ。

　Aの場合、質問の仕方によって応答が変わり、イエス／ノー・クエスチョンでは正反対の結果になる場合すらあるのは、反響言語の影響及びワーキングメモリの障害に基づいている。このように、訴訟能力に関連して自閉症を有する者のコミュニケーション能力を判断する場合には、個々の言葉を理解しているか否かにとどまらず、社会的関係の中で適切に言語を使用できるかどうかを考慮しなければならない。

　最後に、訴訟能力テストについて付記しておく。Siegert[7]は、境界線級の知能の被告人に対して経験の乏しい心理士が実施したCAST-MRにより、訴訟能力ありとされた事例を挙げ、CAST-MRのあまりにも無頓着な使用に警鐘を鳴らしている。そして、被告人は自らの欠陥を隠そうとしたり黙従する反応があるため、単純なイエス・ノーではなく、繰り返し意味を拡げて尋ねることが重要と述べている。加えて、日本では未だCAST-MRの標準化が行われていないこともあり、少なくとも現時点では点数に拘泥すべきではなく、質問の素材として用いるべきであろう。

　なお、訴訟能力がない場合における被告人の供述の任意性と信用性の問題や、訴訟能力がないとされた場合には公判停止ではなく、公訴棄却ないし免訴とされるべきではないかとの論点はいずれも重要であるが、それらについては精神医学の範囲を超えている部分が多く、本稿では触れることができなかった。

---

[7]　Siegert M et al.: Who is an expert? Competency evaluations in mental retardation and borderline intelligence. J Am Acad Psychiatry Law 35: 346-349, 2007.

コミュニケーション障害

自閉症障害・中等度精神遅滞のある
被告人に対し訴訟能力を認めた判決

金岡繁裕 弁護士

　訴訟能力研究会では、新潟地判平15・3・28について担当された山田寿弁護士（新潟県弁護士会）にご報告をいただいた。

　コミュニケーション障害を持つ被告人について、最一小判平10・3・12の判断枠組みに従い検討し、訴訟能力鑑定の結果を踏まえ審理に工夫を見せるなどした事例として取り上げたものである。

　以下、報告する。なお、文中の意見にわたる部分は基本的に執筆者の私見である。

事案の概要等

1　事案の概要

　本件は、東京都在住であった被告人Ｎ（事件当時23歳）が、新潟県内の金融機関において、強盗目的でエンジンオイルを散布して脅迫し、現金を強奪しようとした強盗未遂被告事件である。

2　捜査段階の経緯

　逮捕当日に身上調書が作成され、また、弁解録取書及び勾留延長に際しての簡単な検面調書が作成された以外は、逮捕から2週間にわたり調書作成がされないまま推移した（なお、捜査段階では弁護人が選任されていな

い)。

3 訴訟能力鑑定に至る経緯

　第1回公判では、Nは職業及び住居を「わかりません」、公訴事実についても「わかりません。答えたくありません」と述べ、弁護人は、精神遅滞及び自閉症、より具体的にはコミュニケーション上の障害を理由に訴訟能力に疑問を呈する意見を述べ、あわせて責任能力を争う主張を行った。第2回公判で簡易鑑定人を尋問した後、訴訟能力に関する本鑑定（以下、「塩入鑑定」という）が採用された。

4 判決内容

　判決では、Nについて、黙秘権等の訴訟上の概念や訴訟手続の意味等を抽象的な意味合いのレベルで大筋を理解することが困難であること、コミュニケーション能力が相当障害されていることを認定する一方、日常生活における社会的な適応力は完全ではないが欠けてもいないこと、公判における供述と異なり検面調書段階では裁判の意味や執行猶予の意味について相応の説明をしていたこと、誘導を避けたり適宜筆談を用いることで相当程度の供述が可能であること、公判供述においてもオウム返しの応答ばかりというわけではなく徐々に答えが充実していると認められることを挙げて、「弁護人からの適切な援助を受け、且つ、裁判所が後見的な役割を果たすことにより、訴訟能力をなお保持していると認められる」として訴訟能力を認めた（なお、心神耗弱を認定）。

　控訴は棄却されている。

塩入鑑定について

1 鑑定人の経歴

　塩入鑑定は、本件について訴訟能力の本鑑定を行ったものである。鑑定人は、大学の医歯学総合研究科精神医学分野所属（当時）の医師である。

2 鑑定主文

　鑑定主文では、中等度精神遅滞及び軽度から中等度の自閉症障害に罹患

したことを認め、Nの「精神的能力は就学期以前（幼稚園児）レベル」「意思疎通能力についても重大な障害」と結論された。

3 塩入鑑定の特徴

塩入鑑定の大きな特徴は、Nのコミュニケーション障害を認めたうえ、他方で語彙能力が高いことや理解力も見た目より高いことが推察されたことから、「コミュニケーションの方法を工夫することがこれからの鑑定に必須」と判断し、これを実践していることである。すなわち塩入鑑定は、Nについて「面接場所をストレスを与えない環境に変える」「筆談中心」という面接場の配慮を行い、さらに誘導尋問は原則行わないこと、5W1Hの質問もなるべく避けること（ただしWHATはある程度理解可能）、「最も重要なこととして、一貫して支持的な態度に徹すること」（そのため、自信を失わせる同じ質問の繰り返しは避ける）等を実践して的確な意思疎通を試みた。

上記配慮の結果、得られたやりとりから、塩入鑑定はNについて、「悪いことの中でどのくらい悪いことなのかを判断するアナログ的な思考は全くできない」、各訴訟関係人の役割が十分認識できていない、執行猶予中の再犯による制裁を理解していない、主に自閉症障害により意思決定過程に重篤な瑕疵があり訴訟行為等に関する理解可能性は極端に低いこと等を指摘した。

公判審理の特徴等

1 審理の工夫

以上の塩入鑑定を踏まえ、裁判所は、被告人質問の方法を工夫している。

第1に、裁判官は法壇を降りて書記官席の脇に着席し、被告人と間近い位置で視線の高さを同じにして審理に臨んだ（右図参照）。

また第2に、適宜筆談を用いることとし、最初の本格的な被告人質問

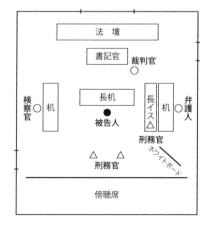

機会（第6回公判）だけで16通の筆談が行われている。

　なお、黙秘権告知については、「あなたの話したことが、裁判所の判断の"資料"となります」の「資料」の意味をNが「わかりません」と繰り返し、そのやりとりが3度に及んだ段階で「裁判官は黙秘権及び供述拒否権の説明を終えた」とされている。

2　捜査検事の証言

　捜査検事は、捜査段階の取調べ状況について、自閉症とはわからなかったこと、ひょっとすると知的障害があるかもしれないと副検事から聞いたこと、そのため、誘導は絶対に行わないようにしようと考えて取調べに臨んだと証言している。他方、弁護人の反対尋問に対し、誘導以外の点で特に気をつかった点はないとしている（なお、尋問調書によれば、特に反対尋問において、自閉症と理解していたとか、自閉症の特徴に応じた注意をしたという証言もある）。

　被告人の理解能力をめぐる一場面として執行猶予制度を理解している供述が記載された検面調書の信用性が争われたが、捜査検事は、要旨「Nがわからないということを言い、そんなことないでしょう、裁判官から聞いているはず、とか、弁護人から教えてもらったでしょう、とか繰り返して質問するうちに、"次は刑務所に行くことなんだよ"とNが述べた」と証言している。この点は、裁判官の補充尋問でも、「わかんないという答えに対し、しぶとく、あるいはしつこく、徐々に外堀を埋めるように話を進めていったということですか」という質問に対し、これを肯定する証言をしている。

捜査段階の問題

　山田弁護士は、塩入鑑定が出された段階で訴訟能力について消極的な判断が示されることを期待したと報告され、検察官の尋問から流れが逆に行ってしまったと振り返られた。また、Nの特性から、情報を与えて誘導すれば話はどんどんと作られていくだけに、それを、捜査検事があたかもNの自発的な供述のように証言することは非常にもどかしく、捜査供述の確認のしようがなかったのが一番の問題であると述べられた。

　本件では、捜査段階で弁護人が選任されておらず（当番弁護士の派遣の有

無は不明である）、Ｎのありのままの認識や供述を確認する術はまったくない（現在の制度では被疑者国選対象事件になるため、その弁護人の役割は非常に重大になろう）。また、当然ながら取調べの可視化は皆無であり、この種の事案で時としてみられる録音についても（行われていたかもしれないが記録上は）見当たらない。

捜査検事の証言は上記のとおりで、知的障害についてすら「ひょっとすると」程度にしか考えていなかったようであり（なお、塩入鑑定によれば、WAIS-R言語性52、動作性65、全検査知能指数50であり、軽度精神遅滞と中等度精神遅滞の境界域である）、本件で最も重大な自閉症については、気づいていたのかどうかすら曖昧な証言である。捜査検事は誘導を行わないようにしようと気をつけたと言うが、「執行猶予制度がわからない」というＮに対し「そんなはずはないでしょう」「誰々から聞いているはずだ」と繰り返したとも証言しているのであり、検察官の満足する供述が得られるまで質問をやめない立派な誘導を行っていると自ら露呈している。また、塩入鑑定で、Ｎとのコミュニケーションのあり方として最も重大な要素「一貫して支持的な態度に徹する」とは真逆の取調べであったことも窺える。

以上を踏まえると、本件の教訓としては、次の点が言えると思われる。

第1に、被告人のありのままの認識・供述が保存される必要があり、そのためには最初期の録音録画こそ重要であること（可視化の議論過程で、知的障害者についての全面可視化を優先すべきとの意見が出されていることは当然であろう）。同時に、捜査段階の弁護人も速やかに問題に気づきこれを保全するよう実践しなければならず、そのためには接見状況の録音録画が重要である。

第2に、取調べにおける配慮なるものを検察官の証言に委ねることは事実認定を誤らせる危険があり（前掲捜査検事の証言は、その内容自体も変遷しており結局どのような配慮がされたのか判然としないし、進んで配慮不足を認めると限らないこともまた自明である）、そのためにも取調べ状況が可視化される必要がある。

第3に、訴訟能力に疑問がある被告人については、その捜査供述の証拠能力について一定の準則が必要である。然るべき配慮が行われ立証されないかぎり、それが捜査機関の落ち度によるものでなくても証拠排除しなければ、本件の判決のように、「公判における供述と異なり検面調書段階では

裁判の意味や執行猶予の意味について相応の説明をしていたこと」を平然と
事実認定の根拠とする過ちが繰り返されるだろう。

公判段階の問題

　公判では、塩入鑑定を受けて、Ｎに望ましい配慮がされたうえで被告人
質問が行われている。このこと自体は、参考になる工夫として世に知られ
るべきである。裁判官は法服こそ着用していたようであるが、あたかも少
年事件のように、威圧感を与えず親近感を持たせるような配慮をして審理
に臨んでいるし、Ｎの障害に配慮した意思疎通の方法も配慮されているか
らである。

　とはいえ、これらの配慮は、塩入鑑定においてＮの本来の能力を引き出
すために求められる配慮として要求されたものであり、その引き出された
本来の能力が真に訴訟上の防御を可能とするものと言えたかについては、
次の問題として考慮されなければならず、本件では、そこまでは至らなかっ
たと思われる。

　上記報告中で引用したとおり、黙秘権告知の場面で裁判所は、わかりや
すい言い換えを用いてもＮが「（判断の）資料」の意味を「わからない」として
いる点について、3度、「わからない」との答えを引き出したままに放置し、
この概念が理解されているかどうかの確認、理解されていないとすれば理
解させる努力をいずれも放棄したようである。被告人質問に入る局面でこ
のような事態が現出したからには、こと防御権の中核となる概念の理解だ
けに、より慎重に取り扱われるべきだったのではないか。たとえば塩入鑑
定人を一種の通訳者と位置づけて裁判所の説明に補佐を得るということも
考えられよう。

　地裁判決は、「弁護人からの適切な援助を受け、且つ、裁判所が後見的な
役割を果たすことにより、訴訟能力をなお保持していると認められる」と
結論づけた。少なくとも黙秘権告知の場面において、裁判所が「後見的な役
割」を果たせていないことは明らかと思われる。もとより、弁護人にもこ
れは困難な課題であり、意思疎通を図るうえでも、意思疎通が図られたう
えで理解を確認するうえでも、他分野の専門家の協力を得るべきではない
か。

その他の話題

　訴訟能力の議論とは離れるが、研究会の中で関心を集めた話題を紹介しておきたい。

　塩入鑑定は、Nの生活歴を分析するなかで、養護学校を卒業してNにとっての保護的な環境が潰えて以降、Nに、意味不明でまとまりのない行動が増えたこと、以前より生活能力が落ちていること、衝動的で抑制が効かなくなっていること、これらは特に注意を受けたり気に入らないことがあったりした後に見られることを指摘し、これが「Nの"心のSOS"であり、Nに適切な保護環境が与えられ或いは医療機関への適切な受診があれば事件は起こらなかった可能性もある」と、特に付言している。

　Nは、少年時代には一切前歴がなく、養護学校を卒業して就職して以来、本件と本件に先立つ類似の犯行に続けて及んでいる。就業場所は、Nの父によればNの問題に配慮したマニュアル的対応が欠けていたということであり、これらを総じるに、「構造化された少年時代から、臨機応変さの求められる職場で適応困難に陥った」ことが事件の背景である可能性があると参加者から指摘があった。

　山田弁護士は、Nの居住元の地域福祉課障害者相談係担当者Hを情状証人として採用させ、同証人をしてNに対する保護的措置や施設入所の可能性を証言させているが、再犯可能性に対する弁護側立証としては、上記塩入鑑定を踏まえたさらに具体的な立証（環境調整）が検討に値する。地裁判決は、「再犯の虞が高いと言わざるを得ない」として上記Hの証言内容は斟酌するにとどめたが、Hの今後を見据えると、本件で議論を深めきれなかったことは惜しまれる。

長期の公判停止

「訴訟能力」に囚われた被告人

髙橋修一 弁護士

事案の概要──外形的事実

　Aは、1992（平成4）年10月10日午前3時30分ころ、かねてから行きつけのガソリンスタンドの2階において、そこに居住し就寝中であった同店店主Vの頭部を鉄パイプで数回殴打し、脳挫滅により即死させて殺害し、同人管理の現金約56万円を強取した、というものであり、後記するとおり、Aは、同年10月15日に通常逮捕され、2回の鑑定留置を経て、1993（平成5）年10月1日に起訴されたのであるが、訴訟能力に関する鑑定を経て、1994（平成6）年12月7日に公判手続が停止され、そのままの状態が長く継続し、2010（平成22）年8月8日に千葉拘置所内で自殺を遂げてしまったという事案である。

　Aは、統合失調症の罹患歴があり、X県人に対する妄想を供述し、「X県人であるVを消毒した」等と述べたため、起訴前に2回鑑定されることになったのである。

　なお、私は、本件当初の国選弁護人が他県への登録換えに伴って解任された直後、2009（平成21）年10月20日に国選弁護人に選任されたものである。したがって、選任前の出来事については、あれこれ言う資格を有していない。また、私は、他の松戸支部の弁護士に比べて、責任能力等に詳しいわけではない。

　そのことを前提にして、本件の問題点をまとめてみたい。

事案の経緯

1992年10月10日	本件事件発生
10月15日	通常逮捕
1993年3月8日	仲村慶大教授の鑑定書（心神喪失）
9月28日	小田筑波大教授の鑑定書（心神耗弱）
10月1日	千葉地裁松戸支部へ強盗殺人で起訴
10月14日	国選弁護人選任（B氏）
11月15日	第1回公判。弁護人は公判停止の申立て
その後	仲村、小田の証人尋問実施
1994年7月5日	職権で鑑定決定（被告人の現在の精神状態）
11月8日	浦田医師（国立国府台病院）の鑑定書(1)（心神喪失の常態）
12月7日	公判手続停止決定
1997年5月23日	職権で再鑑定決定（被告人の現在の精神状態）
10月18日	浦田医師の鑑定書(2)（心神喪失の常態）
2010年2月8日	職権で再々鑑定決定（訴訟能力の有無及び回復可能性）
8月8日	A氏千葉拘置所内で自殺
9月15日	吉川和男医師の鑑定書（訴訟能力には問題ない）
9月28日	公訴棄却決定（被告人死亡による）

接見時（2009年10月以降）のA氏の状況

　同氏は、妄想に支配され続けており、X県人に対して強い悪意を抱き、事件は「X県人を消毒したものである」とし、千葉拘置所はX県人が運営する捕虜収容所であり、自分は軍事裁判にかけられている、と訴えていた。今でも、X県人は消毒しなければならないと主張し、消毒の意味は殺害することであると言う。

　一方、同氏は、殺人、窃盗、傷害等の刑法犯一般が悪いことであり、そのための刑事裁判制度という概念は理解するが、自分自身はそれとは無縁であると言う。

本件を通じて考えたこと

1　訴訟能力とは、「被告人としての重要な利害を弁別し、それに従って相当な防御をすることのできる能力」であると定義されている。私が接見して話を聞いた限りでは、Ａ氏に上記定義の訴訟能力が欠けていることは、ほとんど自明のことであった。

そして、1994（平成6）年11月8日の浦田鑑定⑴が出された以降、訴訟能力が回復しないために、公判手続が再開されず、公判手続が停止されたまま勾留が継続するという事態が、15年以上もの長期間続いてしまった。その間、Ｂ弁護人、裁判所、検察官の間でさまざまな協議がなされ、事態打開の努力がなされたようであるが、解決されないまま長時間が経過してしまった。そのうえ、極めて不幸な結末を迎えてしまったのである。

少なくとも、この結果、特に公判が再開されないまま長期間勾留のみが継続した、という事実については、誰しもが不当であると判断するものと思われる。

なぜ、このような結果を生じさせたのであろうか。

2　公判手続が停止された根拠は、下記に掲げる浦田鑑定であった。刑訴法314条1項の「被告人が心神喪失の状態に在る」との鑑定結果を、裁判所が採用したのである。そして、この状態に基本的には変化がなかったため、公判手続の停止状態が継続したのであった。

この場合、被告人を勾留から解放する方法として、検察官ないし千葉拘置所所長による精神保健法による通報・措置入院と勾留の執行停止（あるいは、勾留を更新しない）を組み合わせることが考えられる。また、検察官による公訴の取消し（刑訴法257条）を受けて、裁判所が公訴棄却決定（刑訴法339条1項3号）を出す方法も考えられる。

しかし、本件の場合、措置入院が妥当であったかは疑問が残り、2005（平成17）年に施行された医療観察法も、同法2条3項の「対象者」に「公訴棄却された者」を含めていない。

3　もう一つは、公判手続を再開し、可及的速やかに無罪判決を出しても

らうことである。この場合は、医療観察法の手続に進む。また、医療観察法施行前は、措置入院との組合せであったであろう。

しかし、ここでの最大の問題は、A氏の病状に変化がないとき、裁判所が「訴訟能力あり」との判断をするかどうかである。訴訟能力を従来どおりに定義するならば、本件では、「A氏は被告人としての重要な利害を弁別している」と判断することが極めて困難であり、裁判所が公判手続の再開に難色を示してもおかしくないA氏の病状であった。

4 私は、「結果の妥当性」との観点を持ち込むことは、刑事裁判になじみ難いことは理解したうえで、それにもかかわらず、本件では「結果の妥当性＝身柄の早期釈放と医療施設での治療」を追及すべきであるから（このことは誰も否定しないと考えた）、国選弁護人に選任された後、一方では、検察官に対して公訴の取消し（公訴棄却決定の前提）を勧める裁判所を支持し、他方では、公判手続を再開して無罪判決を出すべきことを裁判所に勧めた。

そのような協議をするなか、2010（平成22）年2月8日、裁判所は、新たな鑑定人に訴訟能力について鑑定させることを職権で決定したのであった。それが吉川鑑定であった。

しかし残念なことに、裁判所が吉川鑑定を採用するか否かを判断する前に（正確には吉川鑑定が出る前に）、A氏は死を選んでしまったのであった。

浦田鑑定と吉川鑑定

両鑑定の結論部分を私なりに要約すると、次のとおりである。

1 浦田鑑定

被告人は、現在精神分裂病に罹患している。病型は妄想型であり、現在なお幻覚妄想が存在する。また、精神分裂病治療のために大量の抗精神病薬を服用しており、そのために軽度の脳機能障害が惹起され、注意障害が認められる。

鑑定人の責任能力に関する考えは、基本的には、1984（昭和59）年7月3日の最高裁判所の判断と同様である。

被告人は、精神分裂病及び薬物療法による影響のため、現在なお理非弁

別能力に重大な支障が生じていると推定され、法家のいう心神喪失の常態にあると思われる。

2　吉川鑑定

　司法精神医学者の中田修は、訴訟能力について次のように述べている。「精神医学の立場では、訴訟能力を非常に厳しく制限するのが一般的である。従って、精神病の存在が明白であっても、原則として訴訟能力は認められる。というのは、精神病のほとんどは犯行当時にすでにその状態にあり、責任無能力者として無罪の言い渡しを受ける可能性が大きいものであるのに、訴訟無能力者として公判審理が停止されるならば、未決のままで長くいなければならなくなり、そのことは被告人にとっても決して望ましいとは考えられないからである」。

　以上のことから、わが国やドイツでは、もっぱら犯行当時の刑事責任能力を争い、訴訟能力については争わないのが通例となっている。浦田鑑定は、この司法精神医学の通説をまったく考慮しておらず、訴訟能力を問われているにもかかわらず、刑事責任能力の概念である「心神喪失」や「理非弁識」などの用語を用いるなど、訴訟能力概念の理解が不十分なふしがあり、その結果、被告人の訴訟能力は欠如していると法律家に判定されてしまい、公判が長期にわたり延期されてしまった。

　被告人の直近の精神状態は、X県人をめぐる妄想が、「捕虜収容所に収容されている」、「X県人が天井裏から覗いている」、「GHQに頼んで、コバルトの雨を降らせて、やつらX県人を全員消毒する」等、さらなる広がりと発展を示しており、極めて強固な妄想体系が構築されている。

　被告人は、犯行時から死に至る寸前まで統合失調症妄想型の病勢が悪化した状態であった。

　被告人の訴訟能力 (被告人としての重要な利害を理解し、それに従って相当な防御をする能力) には問題はない。

3　まとめ

　吉川鑑定は、「結果の妥当性」という私の観点からすれば、歓迎すべきものであった。しかし、A氏を見ると、「被告人としての重要な利害を理解し」ているとは思えなかったので、吉川鑑定には、論理の飛躍があるように感

じられた。また、公判手続停止の要件として、刑訴法314条1項が「心神喪失」の語を明示している以上、浦田鑑定もやむをえないと感じた。

いずれにしても、裁判所が、Aが死亡していなければ吉川鑑定を採用して公判手続を再開したかどうかは不明であり、正直な意見を述べれば、裁判所は「訴訟能力あり」との結論に踏み切れなかったものと思う。

問題は、訴訟能力の定義にある「弁別」あるいは「理解」という言葉をどのように理解するかであろう。弁別・理解する対象は何か、弁別・理解というのはどの程度の認識で足りるか、ということで結論に違いが生じると考える。

おわりに——若干の問題提起

身体拘束中の被告人について、「心神喪失の状態にある」として、いったん公判手続が停止されると、拘置所内では適切な医療を受ける保証がないことから、「心神喪失の状態」を改善させることが困難であり、公判手続の再開も困難になってしまう。

本件は、そのような場合の悪しき典型例であり、被告人が、従来の定義の「訴訟能力」に絡め取られ、いわばそれに囚われた事件であった。定義の再考と立法の不備の是正を迫る事件であった。

ところで、最決平7・2・28刑集49巻2号48頁に、千種秀夫裁判官の補足意見がある。

「被告人に訴訟能力がないと認めて公判手続を停止した場合におけるその後の措置について付言すると、裁判所は、訴訟の主宰者として、被告人の訴訟能力の回復状況について、定期的に検察官に報告を求めるなどして、これを把握しておくべきである（筆者注：松戸支部の裁判官は、これを実行していた）。そして、その後も訴訟能力が回復されないとき、裁判所としては、検察官の公訴取消しがない限りは公判手続を停止した状態を続けなければならないものではなく、被告人の状態等によっては、手続を最終的に打ち切ることができるものと考えられる」。

この最終的打切りの手段として、千種判事は、公訴取消しのない公訴棄却決定を考えていたのであろうか。また、私の事件は、法定刑が死刑または無期懲役という強盗殺人であった。上記最決は、窃盗事件に関するもの

である。果たして、裁判所は同様に考えるであろうか。

訴訟からの解放と医療への接続

中島 宏 鹿児島大学教授

はじめに

　千葉地松戸支決平22・9・28が被告人死亡により公訴棄却した事案（以下、松戸事件と呼ぶ）は、統合失調症のため被告人には訴訟能力がないとして刑訴法314条1項により公判手続が停止されたのち、被告人が拘置支所内で自殺するまでの間、15年以上にわたってそのまま係属し、被告人が勾留され続けたものである[*1]。この事案の経緯からは、長期の公判停止について2つの問題が浮かび上がる。まず、①勾留され続けている被告人は、公判停止の間、訴訟能力を欠く原因となっている精神疾患に対する治療が施されないままになること。そして、②訴訟能力が回復しないとき、手続を打ち切るための具体的な方法や基準が確立していないことである。以下では、これらの問題点につき、若干の整理と検討を試みる。

訴訟能力の欠如と治療措置

1　公判手続の停止と治療措置

　最決平7・2・28刑集49巻2号481頁は、「刑訴法314条にいう『心神喪失の状態』」とは、訴訟能力、すなわち、被告人としての重要な利害を弁別し、それに従って相当な防禦をすることのできる能力を欠く状態をいう」と述べた。これによって、同条にいう「心神喪失」が責任能力に関する刑法38条のそれとは別の概念であることが明らかにされ、被告人が訴訟能力を欠く

[*1]　事案の詳細は、前掲髙橋修一弁護士による報告を参照。

状態にある間は公判を停止すべきであることが示されたのである。

　刑訴法314条1項によって公判が停止されている間、裁判所は被告人の状況を確認しつつ、訴訟能力の回復を待つことになる。このとき、被告人が勾留されていなければ、本人の意思や周囲の支援によって医師の診察を受け、原因となった精神疾患の治療を行うことが可能である。しかし、勾留されている場合、拘置所において適切・十分な治療のための措置をとることは不可能である。これにより、治療の機会がないまま長期間にわたって放置されることになれば、被告人の適切な医療を受ける権利が奪われ被告人の福祉に反する結果になる。それだけでなく、原因となっている疾患が進行して症状が悪化することによって訴訟能力の回復が図られないことになり、公判手続の「停止」がいずれ再開することを前提とした一時的なものであることとの間に矛盾が生じる。

　これを回避し、勾留されている被告人を公判手続の停止中に治療に付するためには、刑訴法95条にいう「適当と認めるとき」にあたるとして裁判所が勾留の執行を停止したうえで、検察官が都道府県知事に通報（精神保健福祉法25条2項）し、指定医の診察等を経て措置入院（同29条）の手続をとる必要がある。このような措置をとらないまま勾留が続けられるとすれば、被告人の精神疾患の治療が長期にわたって奪われていることが刑訴法91条にいう「拘禁が不当に長くなったとき」[2]に該当し、勾留取消しの理由が生じることになる。将来に向けて勾留を維持するためには、裁判所は執行停止を弾力的に活用するほかなく、刑訴法95条の職権行使をためらうべきではない。

　ところで、松戸事件は、被告人の訴訟能力だけでなく、犯罪行為時における責任能力についても争われている事案である。責任能力に疑いがある触法行為者の処遇として通常想定されるのは、心神喪失者等医療観察法に基づく医療観察である。心神喪失者等医療観察法は、心神喪失の状態で重大な他害行為を行った者について、精神保健福祉法による措置入院では対応できない問題を解消するために立法されたものである[3]。医療観察に付

---

*2　単なる時間的観念ではなく、被告人の健康状態なども含めて総合的に判断されるべき相対的観念である。名古屋高決昭34・4・30高刑集12巻4号456頁。

*3　大谷實『精神保健福祉法講義〔新版〕』（成文堂、2010年）168頁。

されれば、措置入院とは異なり、強制医療の決定は医師の診断だけでなく裁判所の審判によって行われる。そして、指定入院医療機関での専門的な治療に付されたのち、退院についても医師だけの判断ではなく他害行為の可能性も含めて裁判所が許可し、退院後は精神保健観察に付される。

しかしながら、医療観察の対象は、①心神喪失または心身耗弱の状態で対象行為を行って不起訴とされた者、②対象行為について、心神喪失による無罪判決を受けた者、③対象行為について、心身耗弱により刑を減軽した有罪判決を受けた者とされている（医療観察法2条3項）。松戸事件のように、責任能力ありと検察官が判断して公訴を提起した後（①不該当）、訴訟能力がないとして公判が停止し、判決まで到達していない（②③不該当）被告人は、ここに含まれておらず、医療観察の対象とすることができない。公判手続は停止されているにすぎず、訴訟能力の回復による刑事訴訟の再開が前提とされている以上、当然と言わざるをえない。

2　公訴取消し後の医療措置

では、仮に検察官が公訴を取り消して（刑訴法257条）、裁判所が決定で公訴を棄却（同法339条1項3号）した場合はどうか。公判手続の停止中とは異なり、被告人は刑事訴訟から終局的に解放されたのであるから、医療観察の手続に付すことに原理的な障害はないはずである。しかし、医療観察法2条3項が定める対象者は、前述のとおり無罪か有罪の判決を受けたものに限られ、公訴棄却（あるいは免訴）判決・決定を受けたものは含まれていない。したがって、規定の明文に従えば、この場合も医療観察としての入院は不可能である。

もっとも、刑訴法257条の公訴取消しは、同法248条の起訴便宜主義と同一の原理によるもので、起訴猶予の延長線上にあるものと説明されるのが通常である[4]。そうだとすれば、公訴取消し後の公訴棄却決定について、医療観察法2条3項1号の「公訴の提起をしない処分」との規定を類推適用することも、理屈として不可能ではない。しかし、医療観察制度が保安処分的な性質を含むか否かは別にしても、身体の自由を制約して強制的に医療

---

[4]　田宮裕『刑事訴訟法〔新版〕』（有斐閣、1996年）169頁。なお、指宿信「公訴の取消と手続打切り」同『刑事手続打切り論の展開』（日本評論社、2010年）74頁。

を施す処分である以上、その対象を定める規定を類推解釈するのは妥当ではないだろう。訴訟能力の欠如を理由とする公訴棄却や免訴の裁判を受けた者が医療観察の対象となりえない現行法には、是正されるべき立法の不備が存在している。

訴訟無能力を理由とする手続の打切り

1 手続打切りの理論

訴訟能力が回復しないまま公判手続の停止が長年に及んだ場合、検察官が刑訴法257条により公訴を取り消しさえすれば、（その後の強制的な治療の実現については前述のような限界があるとしても）被告人は刑事手続から解放される。しかし、検察官が公訴を取り消さない場合、刑訴法には、刑事手続を終了して被告人を解放するための明文の規定が存在しない。ではこのとき、被告人は、訴訟能力が回復しない限り、公判手続が停止されたまま放置されるのだろうか。

訴訟能力を欠く被告人についても、無罪を言い渡す場合は、被告人の出頭を待たないで直ちにその裁判をすることができる（刑訴法314条1項但書）。したがって、被告人が訴訟能力を有していた時点における審理によって、犯行時に責任能力がなかったことが明らかになっていた事案では、公判を停止した場合でも、訴訟能力の回復を待たずに再開し、そのまま無罪を言い渡せばよい[5]。しかし、無罪を言い渡すことができるだけの審理が行われないまま公判を停止した事案（それが通常である）では、まず訴訟能力が回復したかどうかの判断が先行しなければならず、これをクリアして公判が再開された後の審理によってはじめて、責任能力の有無を含めた有罪か無罪かの判断をなしうることになる。松戸事件の吉川鑑定は、責任能力を欠くため無罪となる一般的な可能性を理由として訴訟能力を広く肯定すべきとしているが、その論理には混乱がある。

では、松戸事件のように「無罪を言い渡す場合」に当たるとは言えない場合はどうか。前掲・最決平7・2・28には、千種秀夫裁判官の補足意見が付されており、訴訟能力を欠くとして公判手続を停止した後の措置につい

---

[5]　松尾浩也監修『条解刑事訴訟法〔第4版〕』（弘文堂、2009年）709頁。

て、次のように判示している。「裁判所は、訴訟の主宰者として、被告人の訴訟能力の回復状況について、定期的に検察官に報告を求めるなどして、これを把握しておくべきである。そして、その後も訴訟能力が回復されないとき、裁判所としては、……被告人の状態等によっては、手続を最終的に打ち切ることができるものと考えられる」。訴訟能力が回復しないときに公判手続が停止したまま被告人を永久に放置するのが正義に反することに異論はないだろう。千種補足意見は、その場合において、たとえ明文の規定はなくとも、訴訟手続を打ち切る権限が最終的に司法に帰属することを明らかにした。

　このような最高裁の動向を踏まえて、近年、下級審の裁判例に注目すべき動きがある。名古屋地岡崎支判平26・3・20判時2222号130頁は、被告人の統合失調症等により17年間にわたって公判手続が停止していた事案について、被告人の訴訟能力が回復する可能性がないことを理由に、刑訴法338条4号による公訴棄却判決によって手続を打ち切った[6]。これに対して、同判決の控訴審である名古屋高判平27・11・16LEX/DB25541868は、当該事件において被告人の訴訟能力が回復する可能性を否定しつつも、「検察官が公訴を取消さないことが明らかに不合理であると認められる極限的な場合に当たるとは言えない」として、公訴を棄却した原判決を破棄した[7]。当事者主義的な訴訟構造と検察官の広範な訴追裁量を理由として、裁判所による手続打切りを公訴権濫用論の派生的な適用場面のように捉える考え方[8]によるものであろう。そして控訴審は、検察官が公訴を維持してきたことの合理性を基礎づける事情として、①原判決の認定とは異なり、公判手続停止中、被告人に訴訟能力が回復した時期や、症状が改善した時期が存在したこと、②訴訟能力の回復可能性の審理を継続的に行ってきた事案であり、裁判所が審理を放置したような事案とは同視できないこと、③凶悪重大事案であり被害者の処罰感情が高いことを挙げている。

　しかし、将来に向けて訴訟能力が回復する見込みを裁判所が否定する以

---

[6]　同判決の評釈として、伊藤睦「判批」新判例解説Watch16号（2015年）185頁、中島宏「判批」法学セミナー717号（2014年）128頁、同「判批」刑事法ジャーナル45号（2015年）219頁。

[7]　同判決の評釈として、暮井真絵子「判批」季刊刑事弁護86号（2016年）119頁、中島宏「判批」法学セミナー738号（2016年）126頁。

[8]　最決昭55・12・17刑集34巻7号672頁（いわゆるチッソ補償交渉事件）。

上は、被告人を刑事手続の対象とする意味は将来に向けてまったく存在しない。過去における検察官の訴追意思の合理性はここでの直接的な問題ではなく、将来に向けて、再開の見込みがない刑事手続の中に被告人を置き続けることの問題性と向き合うべきである。前記①〜③はいずれも将来に向けた回復の見込みなき公判停止の正当性を合理的に説明できる事情ではない。訴訟能力の回復可能性が否定された場合は、手続の打切りを検察官による公訴維持の不合理が「極限的な場合」に限定するのでなく、回復可能性を欠くことのみをもって被告人を手続から解放するべきである。

　訴訟能力が回復しないため手続を打ち切るとき、その裁判の形式については、①刑訴法338条4号による公訴棄却判決説[9]、②同法339条1項3号を類推適用する公訴棄却決定説[10]、③非類型的訴訟条件を欠くことを理由に公訴を棄却する説[11]、④明文の規定を経由しない免訴判決説[12]などが主張されている。私見としては、訴訟能力が回復しなくなった時点から公訴が不適法となるものとみて、形式裁判事由の包括規定である338条4号で処理するのが簡明であると考える。ただし、松戸事件のように停止が長年に及んだ事案については、上記とは別に、迅速な裁判を受ける権利への侵害として、高田事件判決（最大判昭47・12・20刑集26巻10号631頁）の射程にも含まれ、憲法37条を直接の根拠とした免訴による処理も可能であろう[13]。

2　回復可能性の判断方法

　訴訟能力の回復可能性の有無は、どのような基準・方法で判断されるべきか。千種補足意見は、「時間をかけた経過観察が必要」であり「事柄の性質

---

*9　高田昭正「訴訟能力を欠く被告人と刑事手続──岡山地裁昭和62年11月12日判決を契機として」ジュリスト902号（1988年）39頁、松尾浩也『刑事訴訟法（上）〔新版〕』（弘文堂、1999年）151頁、長沼範良「判批」ジュリスト臨増『平成7年度重要判例解説』（有斐閣、1996年）163頁、青木紀博「判批」判例評論448号（1996年）76頁。

*10　指宿信「訴訟無能力と手続打切り」同『刑事手続打切り論の展開』（日本評論社、2010年）133頁、暮井・前掲注*7論文121頁。

*11　寺崎嘉博「被告人の訴訟能力」田口守一・寺崎嘉博編『判例演習刑事訴訟法』（成文堂、2004年）147頁。

*12　渡辺修「聴覚障害者と刑事裁判の限界」判例タイムズ897号（1996年）42頁。

*13　佐々木史郎「判批」ジュリスト臨増『平成4年度重要判例解説』（有斐閣、1993年）202頁。

上も特に慎重を期すべき」だと判示している。しかし、ここでの判断の対象は、その時点における訴訟能力ではなく、将来予測としての回復可能性であるから、その後の治療環境など不確定要素を織り込んだ判定とならざるをえない。それにもかかわらず、回復の可能性が完全に失われていることまで要求してしまえば、手続が打ち切られる余地が実質的に奪われてしまうことになりかねない。松戸事件のような事案では、すでに公判手続の停止が長年に及んでいることが、回復の困難さを示す有力な材料でもある。その時点から遠くない将来において訴訟能力が回復される具体的な見込みが積極的に確認されない限りは、手続を打ち切るべきである[*14]。

　なお、訴訟能力は、防禦のために必要な能力であり、デュー・プロセスの基礎をなすものであるから、その有無や回復可能性の判断は、事件の罪質や法定刑によって左右されない。松戸事件は、強盗殺人事件という重大犯罪に問われた事件であり、一般的に処罰の必要性が高い事案であったが、そのような事情を訴訟能力の回復可能性判断に影響させてはならないことは言うまでもない。

おわりに

　松戸事件は、検察官が公訴取消しの勧告に応じない以上、最終的には、訴訟能力の回復可能性を否定し、千種補足意見の論旨に従って、手続を打ち切るべき事案であったように思われる。もっとも、これによって刑事訴訟から解放されたとしても、前述のとおり、法の不備によって、形式裁判を受けた被告人を医療観察の対象とすることはできない。訴訟能力を欠く被告人について、手続の打切りからその後の医療措置までを一連のルートとして整備しなければ、本質的な問題は解決しないのである[*15]。松戸事件が明らかにした今後の大きな課題である。

[*14]　渡辺・前掲注[*12]論文44頁。なお、そもそも平成7年最高裁判例は、「原則として」公判手続を停止すべきだと判示しており、停止を経由しない打切りの存在を前提としている。川口政明「判解」『最高裁判所判例解説（刑事篇・平成7年度）』（法曹会、1998年）137頁。

[*15]　木村烈「訴訟能力と刑事鑑定」中山善房退官『刑事裁判の理論と実務』（成文堂、1998年）48頁。

選択性緘黙

選択性緘黙が問題となった裁判員事例

金岡繁裕 弁護士

取り上げた事例の概要

訴訟能力研究会では、愛知県弁護士会から岩城正光弁護士をお招きし、岩城弁護士の担当された事例の報告をしていただいた。

事例の概要は、複数の住居侵入・窃盗及び現住建造物等放火等で起訴された若年被告人（起訴当時21歳）が選択性緘黙に罹患しており、弁護人として意思疎通に苦慮したことから訴訟能力を疑ったというものである。裁判所による本鑑定（いわゆる50条鑑定）が実施され、鑑定人は、完全責任能力であるが訴訟能力がないとの結論を出した。そこで、裁判員裁判における訴訟能力の扱いが問題となったというものである。

本鑑定の内容

1 鑑定主文

本鑑定は、被告人が自閉症を有するとともに、精神遅滞及び選択性緘黙を合併していたと診断のうえ、各精神障害は犯行に直接の影響を与えていないこと（他方、当該障害ゆえに構造化された生活が送れなかったことが犯行に間接的影響を与えている）、他方で防御のために必要なコミュニケーション能力を有しておらず訴訟能力を欠いているとの結論を出した。

2　選択性緘黙とは

　特定の状況では話すことができるが、他の状況では話すことができない疾患（ないし状態像）である。

　被告人の場合は、そのなかでも、家庭外で沈黙することはもとより、家庭内でも無口であり、周囲の流れに身を委ね自己の存在の主張に欠ける「社会化意欲薄弱型」であると判断された。

3　訴訟能力についての考察

　本鑑定では、まず、被告人の理解能力について、（無言ないし日常用語的単語を超える供述が記載された調書は被告人自身の説明ではないだろうと指摘されたものの）被告人なりの語彙で説明が得られていないために断言は難しいが、これを有していないとまではいえないと結論づけられた。

　他方、弁護人との意思疎通を通じて防御を図る能力については、「単に事実を羅列できる能力のほかに、少なくとも因果関係や理由の説明ができる程度の能力が必要になる」としたうえで、被告人はこれを欠いているとした。

　被告人は「後ろめたければ無言になる」ときがあり、その程度に防御する能力はあるが、「どのように・なぜ」といった説明を行う能力がなく、そうすると、上記のような能力に欠けるといわざるをえないというものである。

50条鑑定後の流れ

1　弁護人の対応

　弁護人は、本鑑定の結論を受け、訴訟能力を争う旨の方針を予定主張明示した。

2　裁判所の対応

　裁判所は、弁護人の予定主張に対し、訴訟能力に問題があるとは判断せず、これを裁判員の加わる審理において争点として扱う予定もないとした。弁護人に対しては訴訟能力を公判廷で争うことは認めないと訴訟指揮し、カンファレンスの場においても本鑑定人に対し訴訟能力部分について言及しない証言を行うよう指示した。

3 公判審理

　以上の経緯により、弁護人は訴訟能力を争えず（責任能力も争わない）、訴訟能力の問題は裁判員には明らかとされないままに公判審理が行われた。

　なお、岩城弁護士によれば、弁護人は被告人の供述録取書等はすべて同意する一方、被告人が障害ゆえに芳しくない生活状況にあり、施設収容よりも適切な支援的処遇を要するとした本鑑定人の参考意見に依拠した情状弁護に徹することになったということである（結論として懲役6年6月）。

　本鑑定人は、公判において証言したが、その内容は訴訟能力部分について言及しないものであり、（責任能力も争点とならなかったため）被告人の障害特性と、障害特性に対するあるべき支援的処遇の説明を重点的に行うものとなった。

本事例の実体面における訴訟能力の問題点

　訴訟能力は、理解能力と、当該理解に従って相当な防御を行う能力とに二分して考えられているが、本事例の被告人の場合、理解能力自体は一応、あるとされている。

　他方で防御能力については、「どのように・なぜ」といった説明を行う能力を欠き、弁護人と防御に必要な意思疎通を行えないとされている。なるほど、仮に被告人に何ら積極的に主張すべき事情がないのであれば、意思疎通が可能であり（この点で、ろうあ者について集積されている事例とは異なる）、理解能力もある以上、弁護人等の発問に「はい・いいえ」で答えるだけでも足りるかもしれない。

　しかし、そのような前提に立つことは乱暴であり、仮に被告人に何らかの積極的に主張したい事情があるとしたら、障害ゆえに適切にこれを表明できず、弁護人や医師はおろか親族でさえも具体的な積極主張の内容を酌み取りえない被告人は、およそ、防御不能であるということになる。

　訴訟能力の問題においては、従来問題とされてきた物理的な意思疎通能力（聴力等）だけではなく、防御上で必要な意思疎通能力も問題とされなければならない。訴訟能力は、被告人の当事者的地位の前提となる能力であり、本鑑定の表現を借りるなら「審理の客体にとどまらず応訴の主体たり得る能力」であるから、このような角度から被告人の防御に問題を見出した本鑑定

及び弁護活動はいずれも正当である。

本事例の手続面における訴訟能力の問題点

1　問題の所在

　本事例においては、整理手続段階で訴訟能力が争点から外された（正確には、訴訟当事者が争点とすることを放棄したのではなく、裁判体が整理手続中で判断してしまった）ことから、裁判員は訴訟能力に触れずじまいであった。

　訴訟能力というものがどういうものであるか（被告人が訴訟の主体たりえているといえるか）、本鑑定人が訴訟能力の欠如を結論した理由（なお、本鑑定人は訴訟能力問題に精通した精神科医であり、同医師が補助的に関わった鑑定意見により訴訟能力が否定された事案もある）、これらの背景にある事実関係についても、裁判員は関知していない。もとより、弁護人が供述録取書等を全部同意したうえ、被告人質問において被告人が一定の応答を示したとはいえ、罪体を中心とした事実関係に争いがない事案においては、訴訟能力問題に迫る手がかりとなるような公判審理が行われたとは思われない。

　そこで、裁判員裁判においては訴訟能力の問題はどのように扱われるべきかを検討してみたい。

2　裁判員の直接的な判断事項ではないこと

　裁判員の参加する刑事裁判に関する法律6条2項2号は、少年法55条移送を除く「訴訟手続に関する判断」については「構成裁判官の合議」の判断事項としているので、訴訟能力に関し、裁判員の直接的な判断事項にされていないことは明らかである。

　加えて、同条1項が裁判員の事実認定権限を、有罪判決を言い渡す場合、刑を免除する場合、無罪判決の場合、55条移送の場合の各場合に限定していることから、訴訟能力の有無についての間接事実についても裁判員の判断事項にはならない。

　このように、法律上、訴訟能力問題に裁判員が関与することは予定されていない。

3　裁判員の関与の必要性・相当性

⑴　他方で、訴訟能力に疑義が呈された場合に裁判員の関与を認める必要があるかについて検討すると、とりわけ被告人供述の信用性が明示的に争われているような場合、訴訟能力を欠き必然的に供述能力に乏しい被告人の供述の信用性を検討するにあたり、訴訟能力そのものについての審理にも関与させる必要性が高いことはいうまでもない。

明示的な争点となっていなくとも、事件当事者である被告人の供述は、事件に関する事実認定及び量刑判断を行ううえで常に信用性を含めて検討しなければならない対象である。被告人の供述能力に疑義があるのであれば、軽々に、被告人の供述の信用性を否定したりあるいは供述自体からたとえば反省が見えてこないといった不利益判断を行うことは避けなければならないのであり、その意味でも、裁判員が訴訟能力の審理に関与することは重要である。

このように考えると、争点がどうであれ、被告人供述の位置づけゆえに、訴訟能力の審理に裁判員が関与しないという事態は相当でないと思われる。

⑵　次に、訴訟能力の有無についての判断の局面についても、当該被告人が主体的に振る舞えるかどうかについて裁判員に意見を求めることは有益と思われる。

相当の防御をなしうるかどうかは法律概念であり評価を伴うため、裁判員が直感的に結論を下すべき問題ではないにせよ、「司法に対する国民の理解の増進とその信頼の向上に資すること」を制度目的に掲げる裁判員裁判において、当該被告人を適切に審理の客体になしうるかは裁判員の関心事でもなければならないと思われるからである。この被告人は裁判についていくことができるのか、言い分を尽くせるのかということは、少なくとも職業裁判官よりは裁判員のほうがまだしも等身大的に感じられるようにも思われる。

⑶　以上のように考えると、訴訟能力の審理に裁判員が関与する必要性は常にあり、また、判断に関与することについても必要かつ相当である。

したがって、整理手続段階で結論を下し、訴訟能力の問題に裁判員を関与させなかった訴訟指揮は疑問であり、50条鑑定の鑑定人にも、問題点をわかりやすく説明することを求めるべきであったと思われる。

認知症

逮捕後急速に進行した認知症の事例

佐藤隆太 弁護士
加藤梓 弁護士

　本件は、2012（平成24）年１月25日午前11時ころ、千葉県市川市に居住する男性Ａが、自宅の寝室で、同居の妻を匕首で刺殺したとされた事件である。

　Ａは、事件当時92歳の男性。郵便局員を長く勤め、退職後は農業をしながら暮らしていた。農地改革の際に多くの土地を有することとなり、その売却益で裕福だった。子どもは３人で、基本的に近隣に住んでいる。

　高齢のため、足腰が弱く耳が遠くなっていたものの、周囲が認知症を疑ったりしたことはなかった。ただし、男性に最も近く接していた長男は、事件の近い時期には男性がおかしな言動をしていたことには気づいていた。逮捕当初は、正常な判断能力を有している様子であった。しかし、勾留期間が経過するにつれて、徐々に支離滅裂で意味不明の供述をするようになっていった。

経過

1　医療観察申立てまで

2012年１月25日　　　事件発生、逮捕

　　　１月26日　　　弁護士会の委員会派遣により、弁護士甲（佐藤・加藤と同事務所）が接見

1月27日	勾留決定
1月31日	弁護人選任(佐藤)、取調べの可視化申入れ
2月2日	相弁護人選任(加藤)
2月4日	A方の近所に居住するAの息子B氏から事情聴取
2月7日	Aの手の甲に刃物により生じたような傷があったので、証拠保全
2月9日	検察官の取調べに対し抗議、鑑定留置決定(5月14日まで)
2月10日	Aの主治医から事情聴取
2月11日	A方において現場検証、Aの妻の行きつけであった店の店主から事情聴取
2月24日	Aの知人である元県議会議員から事情聴取、A夫妻が通っていた床屋から事情聴取
3月7日	Aの妻の友人から事情聴取
3月24日	Aの妻の主治医から事情聴取
4月5日	A夫妻がひいきにしていた電気店店主から事情聴取
5月7日	近隣住民から嘆願書を取得
5月11日	不起訴意見書提出
5月14日	鑑定留置期間終了
5月18日	勾留期間満了

2　医療観察申立てから終了まで

2012年5月18日	医療観察審判申立て
5月22日	付添人選任(佐藤)
6月4日	第1回カンファレンス
6月18日	Aと面会
6月20日	千葉保護観察所長から生活環境調査報告書提出
6月21日	第2回カンファレンス
7月2日	病院でケース会議に参加
7月3日	長男と社会復帰後の生活について協議
7月9日	第3回カンファレンス
7月19日	意見書提出

8月1日　　医療観察法による医療を行わない旨の決定、即日医療
　　　　　保護入院

事案の特徴

1　Aの状態の急速な変化

　Aは、逮捕されてから数日間は、自らが妻を殺害したことを認める旨の
供述をしていたが、だんだん支離滅裂な供述をするようになり（表参照）、
最終的には自己の置かれている状況をまったく理解できないほどに状態が
悪化していった。

　なお、勾留初期の面会時は弁護人に対して基本的には理路整然と事件を
説明できていたが、弁護人佐藤の2回目（弁護人佐藤の初回接見の翌日）の
接見時にはもはや弁護人を認識しておらず（保険の勧誘員と間違われた）、
その後は急速に状態が悪化していった。悪化後は当職らが弁護人である
という認識はあったりなかったりしていたが、最終的にはまったく認識でき
なくなった。

　起訴前本鑑定の結果、Aは事件当時、軽度のアルツハイマー型認知症に
罹患していたことが判明した。そして、本件犯行当時、心神耗弱状態にあっ
たことが判明した。

　勾留以降は拘禁反応等により（これは研究会で異なる可能性を示唆された
〔後述〕）、認知症症状がかなり進行した。身体的にも日常的な介護が不可欠
な状態となるに至った。

2　Aの性格、Aと被害者との関係

　Aの家族や近隣住民等から事情を聴取したところ、以下のような事実が
判明した。
・Aは穏やかで、若いころから酒も女遊びもやらず、暴力的傾向もない
　人物だった。
・Aは日本刀などの骨董品を収集していた。
・Aは高齢のため耳が遠くなってはいたが、特に判断能力等に疑問を感
　じさせるようなことはなかった。
・A夫妻はお互いの通院に付き添い合ったり、一緒に出かけたりする等

Aの供述内容の推移

日時	出来事	供述
2012.1.25	事件発生・逮捕	
1.27	勾留決定	
1.31	弁護人選任	
2.1		今警察にいるのは自分が悪いことをしたから。妻は1年前に警察に関係することで亡くなった。
2.2	相弁護人選任	今日は鴨川の自転車集積場に行った（実際に行ったのは千葉地検）。
2.3		自分の女房はこの事件で亡くなった。自分は死刑になっても仕方ない。逃げるときに何か振り回したら、女房に当たった。
2.4		自分はもうおしまい。裁判にかけられても仕方ない。
2.7	証拠保全	昨日は弁護士と広場に出かけた。
2.8		（千葉地検で）事件が起きたとき、どうしたかと聞かれた。事件のことは夢みたいで現実感がない。家族に迷惑をかけてしまって、もうおしまいという気持ち。
2.9	鑑定留置決定	
2.21		前（警察署に勾留されていたとき）は取調べがあったけど、今（拘置所に移送）は取調べがないから楽。
3.5		（事件当日）朝、ペテン師連中が組んでいた。なたで襲いかかってきたから、短刀で振り払おうとした。あのばばあもいい加減ペテン師だ。
3.15		嫁さんの反対派連中が自分を部屋から出さないように頑張ってきた。だから刀を振り回した。反対派連中と嫁さんは関係ない。自分も相手にしていない。せがれの背中に隠れたら、反対派連中はいなくなっていた。
3.29		（事件当日）起きたら知らない人が大勢いた。なたみたいなものでどかして逃げた。自分が逃げるのに必死で、女房がどうなったかは知らない。
4.10		連中をまさかりで脅かして道を空けさせた。まさかりでケガをさせたのかもしれない。家の外へ逃げた後、警察が来て逮捕された。妻が亡くなったのは知らなかった。誰からもそういう話を聞いていない。
4.25		ここ（拘置所）にいるのは、世継ぎの問題のせい。自分のおじに当たる連中が自分を犯人に仕立てて来た。連中に無理に起こされたから、なたで振り払って外へ逃げた。妻が亡くなったことは知らなかった。
5.2		ここ（拘置所）は私の家。せがれとじいさんと私の3人で暮らしている。妻が今どこにいるのかは知らない。
5.14	鑑定留置期間終了	
5.15		ここ（警察署）は組合の本部。俺はもう頭がいかれてしまった。女房が亡くなったのは知らない。いつ亡くなったんだろう……。

仲が良かった。

・近隣住民は、A夫妻がお互いの悪口を言っていたり、喧嘩している様子を見たことも聞いたこともない。

A自身から本件について事情を聴取することが不可能であったため、以上のことから、Aが妻を殺害する動機や殺害に至る経緯は不明のままであった。

3　Aの周辺の人々の対応

被害者遺族でもあるAの子どもたちは、特段Aの処罰を望まず、むしろ、早くAが戻ってくることを願っていた。また、Aの周辺住民も、これまでのAの人柄から、Aの処罰を望まない旨の嘆願書に署名をし、最終的には3,000人を超える近隣住民からの嘆願を得た。

4　医療観察について

起訴前本鑑定、医療観察における鑑定ともに心神耗弱を示唆する内容であった。

ただ、そうすると検察官は医療観察の申立てを取り下げて起訴するかどうか検討する必要があるということで、裁判所が強引に心神喪失を前提に手続を進めた。

急速に判断能力が失われる（責任能力はあっても、訴訟能力がない事態が相当の確率で起こりうる）認知症の場合、医療観察における扱いをどうするかという問題があるものと思われる。

また、認知症についてはそもそも治療可能性がないのだから医療観察の対象にならないのではないかという問題もあり、やはり医療観察における扱いをどうするか検討する必要があると考える。

なお、審判では「……現在においても、本件対象行為を行った当時と同様の精神障害を有しており、認知症としては重度の領域に達しているところ、アルツハイマー型認知症に対する根本的療法はなく、対症的な薬物療法には生命予後を悪化させる作用が認められ、医療観察法による医療における治療可能性はない旨の鑑定人の意見に照らすと、上記の精神障害を改善し、これにともなって同様の行為を行うことなく、社会に復帰することを促進するために、対象者に対して心神喪失等の状態で重大な他害行為を行った

者の医療及び観察等に関する法律による医療を受けさせることが必要であるとは解されない」として、「心神喪失等の状態で重大な他害行為を行った者の医療及び観察等に関する法律」による医療は行わない旨の決定が出た。

5 認知症について

研究会においては、精神科医中島直先生より、「アルツハイマー型認知症ではなく、血管性認知症」ではないかという指摘を受けた（詳細はこの後の同先生の論考をお読みいただきたい）。この場合、対象行為時にせん妄状態であった可能性が出てくる旨も指摘を受けた。せん妄状態の可能性については、複数の弁護士からも指摘を受けた。

正直なところ、われわれは認知症の知識不足のため、本件対象者の認知機能の急速な低下は、拘禁反応による認知症の早期進行であるとしか捉えていなかった。また事件時の状態も、まだ対象者が普通に対応できていた時期の供述を鵜呑みにし、せん妄の可能性の検討を怠っていた。

認知症は事例が多いにもかかわらず、法曹界での研究は遅れている分野である。これを機に認知症について適切な知識を身につけ、必要であれば本研究会でその成果を発表できるようにしたいと思う。

認知症と司法、及び本事例における問題

中島 直 医師

認知症について

認知症とは、いったん正常に発達した知能が、何らかの疾患により低下したものを指す。類似の知能障害である知的障害（精神遅滞）とは、これが先天性ないし発達初期の知能低下である点で区別される。通常は以下に述べるような非可逆的な病態に対して用いられる語であるが、炎症性疾患、栄養障害、ホルモン異常、正常圧水頭症、慢性硬膜下血腫、薬剤誘発性の

認知障害など適切な治療によって回復可能性のある病態を総称して"治療可能な認知症"（Treatable Dementia, Reversible Dementia）などと呼ばれることもある。

　症状としては、記憶障害（特に最近の記憶の障害）や見当識障害（ここがどこか、今がいつかわからない）が重視されるが、興奮や不安、抑うつなどの感情の障害、幻覚や妄想などの精神病症状、人格変化など、広範な症状を呈し、徐々に生活機能障害が生じる。

　認知症の評価スケールとしては、テスト法と行動評価法がある。前者には改訂長谷川式簡易知能評価スケール、Mini-Mental State Examination（MMSE）、N式精神機能検査重症度による分類、国立精研式認知症スクリーニング・テストなどがあり、本人に質問をすることで、認知症のスクリーニング、重症度判定ができる。後者には柄澤式老人知能の臨床的判定基準やClinical Dementia Rating（CDR）、日常生活自立度判定基準などがあり、本人の生活状態の観察や周囲の人々からの情報をもとに評価を行う。

　認知症を原因別に分類した場合、重要なのは①アルツハイマー型認知症、②血管性認知症、③レビー小体型認知症、④前頭側頭型認知症（ピック病）の４種である。ここでは不要と思われるので原因や治療については触れない。鑑別には、問診、身体的診察、言動の観察や周囲からの聞き取り、経過の把握、検査等を駆使するが、典型的な所見を示さないなどによる鑑別困難な例や混合例もある。

　①は記銘力障害に始まり緩徐に進行し、従来の性格特徴が顕著になるなどの人格変化が現れ、徐々に高等感情が低下して知的機能の喪失に至る。初期に物盗られ妄想（財布などを自分で置いた場所を忘れ、ないと騒ぎ、身近な者が盗っていったと確信する）や取り繕い（記憶の欠損を繕うための作話）がみられる。画像診断では側頭葉（特に海馬）の萎縮や側頭葉・頭頂葉の脳血流低下がみられる。MRI（核磁気共鳴画像法）の応用であるVSRAD（早期アルツハイマー型認知症診断支援システム）は比較的特異性（陰性のものを正しく陰性と判断する可能性）が高い。

　②は脳梗塞、脳出血などの脳血管障害を原因として発症するもので、糖尿病や高血圧などの基礎疾患を有する者に多く、発症は比較的突然であり、階段状に増悪する一方、一時的に改善したようにみえることがあるなどの動揺性も大きく、夜間に不穏になるなどのせん妄も起こしやすい。脳卒中

のエピソード、頭痛やめまい、まひなどの神経学的症状を伴うことが多い。ただし、小さな脳梗塞が長い期間をかけて多数生じることによって発症する多発梗塞型認知症では、発症や進行が緩徐で、神経学的所見が目立たないこともある。画像診断では種々の脳血管障害の所見が認められる。

③は幻視、パーキンソン症状、認知障害によって特徴づけられるもので、一日の中でも精神症状に変動が激しく、起立性低血圧などの自律神経症状が生じることもある。CT（コンピュータ断層撮影）やMRIではあまり特徴的な所見がないが、SPECT（単一光子放射断層撮影）やPET（陽電子放射断層撮影）などの機能画像検査を行うと後頭葉の機能低下が認められる。また心筋シンチグラフィでの検査物質の心筋への集積率の低下も比較的特徴的な所見である。

④は道徳感情や自制心の鈍麻などの人格変化で発症し、時に犯罪などの社会的逸脱行動がみられ、その後同じ言葉の繰り返しなどの言語の障害が出現するようになるもので、画像検査では前頭部や側頭部の萎縮が目立つ。

書籍では、論者は長谷川和夫監修『老年期痴呆診療マニュアル』（南江堂、1995年）がよくまとまっていると考えるが、知見が古い箇所が多い。必要なところをホームページなどで調べるほうが現実的かもしれない。

認知症と司法

いわゆる認知症を有する者が刑事手続に乗ること、及び刑事手続の最中に被疑者・被告人等が認知症性疾患を発症することは、それほど多くはないがあり得る。論者は2008（平成20）年4月より東京地方検察庁立川支部から起訴前簡易診断を請け負っているが、120余例のうち、認知症及びその疑いのあった者が5例あった。見落としもあるかもしれないから比率はもっと高い可能性もある。ちなみに知り得た範囲では全例が不起訴となっている。論者が刑務所医官をしていた10年以上前にも少なからず認知症の受刑者をみた。医療観察法でも、2013（平成25）年末現在、743名の入院対象者のうち、11名が主病名F0（主として認知症性疾患）とされている[1]。個人的

---

[1]　厚生労働省ウェブサイト「心神喪失者等医療観察法による入院対象者の状況」（http://www.mhlw.go.jp/bunya/shougaihoken/sinsin/nyuin.html）。

にも、ピック病の初期の人で小さな犯罪を繰り返していた人や、初老期の妄想性障害で重大な他害行為を行ったがアルツハイマー型認知症の初期病像を呈していた人などは即座に念頭に上る。現在の刑務所では認知症を含めた高齢者の爆発的増加が大問題となっている。

精神鑑定に関連することでは明白なデータはないが、同じ知能障害である知的障害に比し、訴訟無能力が容易に認められる傾向にあるように感じられる。理念としてはどうあれ、現実的には、知的障害の者は司法手続をはずれれば同種の犯行を繰り返す可能性がどうしても念頭に浮かんでしまう一方、認知症の者は入院や施設入所等で対応されることが多く、また進行して徐々に身体機能も落ちていくので、再犯のおそれが低いというのが、その判断の背景にあると思われる。

認知症者は医療観察法のど真ん中の対象とはいえないが、一切そうしてはならないと言えるかどうかは難しい。問題は簡単ではないのでここではこの程度にとどめる。

本件に関して

1 診断

本件対象行為（最終的に医療観察法の手続であったので、対象行為、対象者等の呼称を用いることとする）の対象者に対しては、２つの鑑定が行われている。起訴前本鑑定では対象行為時は軽度のアルツハイマー型認知症、鑑定時は軽度認知症に広義の拘禁反応（偽痴呆）が重畳したもの、とされている。医療観察法鑑定では対象行為時は軽度のアルツハイマー型認知症混合型（血管性認知症の合併）、鑑定時は認知症としては重度とされている。

論者は資料をすべて参照できたわけではないし、対象者の診察も行っていないので、確実とは言えないが、上記診断に疑問を持つ。論者の結論を言えば、血管性認知症で、対象行為時から中等症、対象行為時はせん妄状態にあり、刑事手続・医療観察手続中に認知症が進行して、最終的には重度に至った、というものである。その根拠は以下のとおりである。

① 対象者において初期にみられた症状はアルツハイマー型認知症にしばしばみられる短期記憶の障害ではなく、孫がわからなくなったなど、比較的長い時間の記憶の障害ないし人物誤認である。両鑑定とも「妻に

不動産の名義を書き換えられた」との対象者の訴えを物盗られ妄想と捉えているが、アルツハイマー型認知症の初期にしばしばみられる物盗られ妄想とは、たとえば財布の置き場所を忘れ、それを身近な人間に盗られたと主張するもので、上記とは時間経過も性質も異なる。

②　本件対象行為後、急速に進行している様子がみてとれ、それはアルツハイマー型認知症には比較的珍しい。

③　逮捕後、調書にはそれなりにまとまった内容を語っているが、夕刻に接見に訪れることの多かった弁護人は疎通がとれないと感じており、それは日中清明であるが夕方になると低下するという意識レベルの変動が関与していると考えられ、これは血管性認知症にしばしばみられる所見である。

④　対象者には脳血管障害のエピソードがあり、また鑑定時にとられた頭部MRIでも血管性変化が指摘されている。一方アルツハイマー型認知症に特異的な所見は得られていない。

⑤　拘禁反応であれば偽痴呆以外に症状を示すことが多いがそれが示されていない。一方、偽痴呆としても、的外れ応答などの特徴的な所見は得られていない。

ただし、詳細は省くが、これらをすべて合わせても、アルツハイマー型認知症を完全に否定する根拠にはならないことは認めざるをえない。

論者がなぜ認知症の型や重症度にこだわるかというと、対象行為時の精神状態や責任能力判定にかかわるからである。それを以下に述べる。

2　本件対象行為時の精神状態

両鑑定とも、本件対象行為については、調書等に基づき、起床の遅い対象者が被害者に起きるよう責められて口論になって遂行されたものと認定している。両者とも限定責任能力と考えているようである。軽度のアルツハイマー型認知症でしかなかったとするならば、対象行為は概ね正常な状況認識のもと、認知症に伴う行動心理学的問題によって引き起こされたもので、上記認定は概ね妥当であるといえよう。

しかし、論者は対象行為時にはせん妄があったのではないかと考える。その根拠は、いかに口論があり認知症に伴う感情障害等があったとは言え、日本刀を取り出し、匕首で斬りつけるというのはギャップがあると感じる

こと、調書においてもかなり初期から「被害者が逃げ道をふさいでいたので斬りつけた」との趣旨を述べていることである。起訴前本鑑定書にも、「畳をひっくりかえして、逃げ道を作り逃げてきました」との発言が記されている。客観的には対象者が「逃げ道」を作らなければならない理由は見当たらない。ましてや畳をひっくり返さなければならない理由もない。ここに何らかの見当識障害があったのではないかと思われる。朝起こされたことが契機になったとの発言すらも事実ではないのではないかと疑う余地があるが、それについてはここでは措いておく。鑑定人や弁護人に対し、他人が侵入してきたので逃げようとしたとの趣旨の発言もあり、客観的状況とは異なるので、見当識障害があった可能性がある。対象者が中等度以上の血管性認知症に罹患していたとすれば、せん妄を起こしやすい状態であったと言え、上記を説明しやすい。こうであれば、十分に責任無能力を考慮する事情にはなりうる。

　ただし、この仮説にも批判はありうる。対象行為についての説明は逮捕後時間が経つにつれ目に見えて混乱してくるので、上記の見当識障害にみえるものは逮捕後に進行した認知症による作話ではないか。あるいは、少なくとも逮捕初期は妻に危害を及ぼしたことは繰り返し供述していたから、粗大な人物誤認はなかったと言え、対象行為時にせん妄があったとしてもそれは軽度ではないか。これらは即座に念頭に浮かぶ批判である。対象者からの供述も得られず、被害者は死亡しており、これ以上客観的な情報を増やすことが不可能な状況のもとでは、この決着はできないのであろう。

3　手続について

　対象者は手続中に認知症が極端に進行した。到底、訴訟に耐える状況ではなかろう。起訴前本鑑定における訴訟無能力の考察過程及び結論には完全に賛同できる。２つの鑑定の過程で認知症が進行しており、疥癬に罹患し院内感染予防のため行動制限を強いられたこともこれを早めた。医療観察法の手続は余計であったのではないかとも思われるが、現行法ではやむをえないのだろうし、これがなかったとしても認知症の進行は止められなかったであろう。

　本件は鑑定で訴訟無能力と記されたが、それによって公判に回らなかったわけではない。実質的には訴訟能力が問題になったのであろうが、形式

的には責任能力が問題となって不起訴処分となったから医療観察法に回された事例である。しかるに、本来訴訟無能力が問題とされるべき認知症者は少なくないと思われる。論者が刑務所でみた重度の認知症者は明らかに捜査・公判過程で見落とされた人である。本件は家族が被害者遺族でもあったにもかかわらず熱心であったから、手続がどこで終了したとしても入院や施設入所などの対応が比較的スムーズに得られたであろう。しかし、上述したように、認知症受刑者は増えつつあり、その少なくとも一部は累犯者で、刑務所への出入りを繰り返しているうちに徐々に認知機能が低下し、その過程で家族も経済的基盤も喪失している者である。こうした場合の対処は簡単ではない。筆者は上記の認知症者に接し、刑務所職員に勾留執行停止ができないかと打診したが、一蹴された。累犯で家族もない者であった。一般の人に対しても入所施設は不足している状況である。認知症者への訴訟無能力認定はもっとなされるべきであるが、ケースワークがその後に続かなければ、別の意味での悲惨な事態が生じるにすぎない。

医療観察法と訴訟能力

金岡繁裕 弁護士

　事後的に意思疎通能力や判断能力が失われ、これに基づき訴訟能力が問題となることは、特に死刑判決後の上訴取下げをめぐり、時に浮上する。さらに、当研究会でも取り上げた逆行性健忘、そして今回の佐藤・加藤報告にあるような認知症のように、病的な原因により事件当時の記憶が失われる等の症状が発生する場合がある。

　このような事後的な変化は、当然、責任能力判断においては問題とならないが、訴訟能力や、いわゆる受刑能力との関係では深刻な問題を生じさせる。弁護人の立場からは、事件のことがわからず、したがって打合せの共通土台すら築けない、さらには弁護人のことすらわかってもらえない（佐藤・加藤報告によれば、佐藤弁護士は保険の勧誘と思われた由である）依頼

者を前に、効果的な防御方針の提供や判断能力を補佐することもおぼつかない。

　佐藤・加藤報告では、この問題が医療観察法下に顕在化し、しかし問題の性質にふさわしい議論がまったくされていないことが示唆されている。

　妄想内容が正当防衛状況にあるとしても、医療観察法下では故意責任を否定しない判例法理からすれば、訴訟能力を欠くことを理由に医療観察法の手続を打ち切ることにも消極に傾くのかもしれないが、他方で、医療観察法においても事実認定の誤りを訴える当事者は少なからずおり（私の数少ない経験でも、正当防衛を主張した案件、暴行回数を争った案件がある。とりわけ不起訴処分とともに医療観察法の手続に入る案件では、事実認定上の争いが生じやすいと思われる）、法律上も刑事訴訟に準じた審理手続が可能であることに照らすと、医療観察法の対象者が訴訟能力を欠いていてよいかは疑問である。

知的障害

行動制御能力を欠くとした無罪判決

出口聡一郎 弁護士

IQ42のMさんによる公職選挙法違反!?

Mさん（当時57歳）は、2009（平成21）年8月に選挙用のポスター4枚を公用掲示板から剥がしたとして、公職選挙法違反の罪で起訴された。ただ、Mさんには、知的障害があり、療育手帳が交付されていた。診断名は中等度精神遅滞、田中ビネーV知能検査によるIQは42だった（鑑定時は38と診断）。

公判では、①訴訟能力の有無、②公選法225条2号違反の故意の有無、③責任能力の有無が主たる争点となったが、弁護人としてはMさんの刑事手続からの早期解放を第一目標としていたので、当初から裁判所に対して訴訟能力の鑑定を先行させるよう求めていた。しかし、皮肉にも私達の方針は功を奏せず、公判が計23回、打合せ期日等が計12回実施され、2009年12月の第1回公判から2012（平成24）年2月の判決に至るまで2年以上の期間を要した。

最終的にMさんは、責任能力を欠くということで無罪となるのだが、この報告を読めば、誰もが「検察官はなぜ起訴をしたのか」という疑問を持つはずである。その意味で起訴をした検察官の責任は重大であるが、審理が長期化したことについては、裁判所の審理のあり方やわれわれ弁護人の訴訟活動についても批判的な目で見ていただく必要があるのではないかと思う。

検察官による不当な起訴

　Mさんの被疑者国選弁護人を務めたのは佐賀県弁護士会所属の甲木美知子弁護士だった。甲木弁護士は、初回の接見からMさんに知的障害があることに気づき、責任能力を欠くMさんを不起訴とすべきと主張していた。甲木弁護士は、検察官に対し、その旨の意見書を10日間の勾留期間中に2回も提出していた。この意見書にはMさんが10歳程度の知能しか有しないという記載があり、当時の弁護人がMさんの知的レベルを正確に把握していたことがわかり、知的障害に気づかなかったという取調官の公判廷での証言の信用性に疑問を投げかける重要な証拠にもなった。

　ただ、そのような意見書も踏まえたうえで検察官がMさんを略式起訴としたため、甲木弁護士の異議申立てにより正式裁判へ移行した。無罪となる確証もない以上、弁護人によっては「罰金なら仕方ない」とあきらめてしまうかもしれない。それでもきちんと争った甲木弁護士こそ、Mさんを救った一番の功労者といえる。

　後に、甲木弁護士はMさんとの間で利害関係が生じ弁護人を辞任することになるが、辞任した後も公判には欠かさず傍聴に来ていた。そんな甲木弁護士の誠実でひた向きな姿勢は、事件を引き継いだ私たち弁護人にとってなによりの励みとなった。

逮捕から2人目の国選弁護人の選任まで

　甲木弁護士の後任として被告人国選弁護人に選任されたのは、当時、甲木弁護士と同じ事務所に所属していた名和田陽子弁護士だった。

　私は、第5回公判の後に2人目の国選弁護人として選任された。私は、選任後に、初めてMさんと会ったのだが、その際、Mさんの表情は固く、私をじっと見つめて警戒しているようだった。その日の打合せでは、Mさんは5分もしないうちに、立ったり座ったりするなど落ち着きがなくなった。10分もすると、立ちあがって部屋を出て行ってしまった。戻って来ても、イライラしていて、最終的には「きつか〜」と言って、泣き出してしまった。

　また、Mさんの会話は、「暑いですね」と聞くと、「暑か〜」と答えるなど

直観的な思考を伝えることができる程度のものだった。Mさんには、物事を抽象化したり一般化することはおよそ困難だった。

証拠開示により明らかとなった取調べの実態

　私が選任された後、すぐに検察官に対し任意に証拠開示を求めた。開示された証拠は、多岐にわたるが、なかでもMさんの供述調書の変遷は衝撃的なものだった。

　検察官請求証拠である逮捕から8日後に作成された員面調書では、Mさんが、候補者の氏名だけでなく、佐賀○区という選挙区までわかっていたと記載されているのに対し、逮捕直後の員面調書には、「誰のポスターだったか分かりません」と記載されていた。

　また、同じく逮捕から8日後に作成された検面調書には、候補者のことはまったく知らなかったと記載されており、同じ日の調書が警察官と検察官でまったく異なる内容となっていた。さらにその2日後の検面調書には、Mさんが候補者の氏名のみならず政党名までわかっていたという記載になっていて、同じ検察官が2日後にはまったく違う内容の供述調書を作成していたことが判明した。

　そもそも接見で私たちがMさんに誰のポスターを剥がしたのか尋ねても、Mさんには答えることができなかった。被疑者弁護人の接見メモを見ても、候補者の名前など一度も出ていない。これらの調書は、捜査官の作文としか説明ができないものだった。

　また、取調べ状況報告書を見ると、逮捕前に深夜2時ころまで約6時間も取調べが行われていた。Mさんは普段は午後9時には寝ている人だ。打合せも15分くらいしか耐えられない。そんなMさんに対する取調べの実態を知り、その後、供述調書の任意性も争うこととした。

いざ被告人質問へ

　訴訟能力の鑑定を先行させてほしいという弁護側の要望を踏まえ、第7回公判から被告人質問が実施された。被告人質問については、裁判所との協議により、検証という形で全過程がビデオ録画された。

被告人質問は、名和田弁護士の「まず、ここはどこだかわかりますか」という質問から始まった。Mさんは「裁判所」と答えた。続けて「裁判所というのは、何をするところですか」という質問に対して、Mさんは「裁判をするところ」と答えた。そこで、「裁判というのは、何をするところですか」と聞くと、「裁判ちゅーのは、裁判は裁判」という答えだった。それで、名和田弁護士が「何かわからんけど来てますか」と聞くと、Mさんは「……裁判は裁判ちゅうか」とよくわからない答えをした。質問の角度を変えて、「裁判で何か決めることはありますか」という聞き方をすると、Mさんは「裁判を決める」と答えた。このような禅問答のようなやりとりが延々と続いた。

　それから、15分くらい経つと、Mさんはイライラして質問に耐えられなくなったため、いったん休廷となった。

　再開後、名和田弁護士は「私は誰ですか」という質問をした。これに対し、Mさんは「裁判官」と答えた。名和田弁護士が、次に私を指して、「これは誰ですか」と聞くと、Mさんは「知らんよ」と答えた。「えっ？弁護人のこと知らないの？」と一瞬、妙な空気になったが、名和田弁護士は質問を続け、裁判官を指して、「前に男の人がいますね。誰だかわかりますか」と尋ねた。「裁判官」と答えるMさん。さらに、書記官を指して「何をする人ですか」と聞くと、Mさんは「裁判をする人」と答える。今度は、検察官を指して、「右に座ってる2人。わかる？」と聞くと、Mさんは、やっぱり「裁判官」と答える。名和田弁護士が私の顔をちらっと見る。私は嫌な予感がした。すると予想どおり、名和田弁護士は私を指さし、「この人は違うの？」と質問してきた。Mさんは、きっぱりと「知らんよ。あんた知ってる。おいは知らんよ」と答えた。

　なぜか一人だけ裁判官とすら呼んでもらえない私の立場はさておき、これらのやりとりは訴訟能力との関係で重要な意味を持つといえる。協力医として意見書を作成していただいた慶應義塾大学医学部精神神経科の准教授である村松太郎先生は、被告人質問について訴訟能力との関係で、以下のような説明を加えている。

　まず、Mさんは、「裁判」の実質的意味を理解しておらず、自らが刑事裁判の被告人として審理を受けているという自覚すらない。

　また、敵・味方・中立という三者がいることが理解できない以上、基本的な弁護方針を話し合う余地すらない。そうであれば、Mさんの意向に沿っ

た弁護活動を行うことは不可能であり、Mさんについては弁護人からの援助という概念を論ずる前提を欠く。このような観点から、村松医師の意見としては、被告人としての重要な利害を弁別し、それに従って相当な防御をすることができないため、Mさんは訴訟能力を欠くというものであった。

しかし、判決では、弁護体制について「手厚い防御活動が実現できた」ことや裁判所の「後見的役割」を重視して、「相当な防御をする能力をなお保持していた」として訴訟能力が認められた。これでは、弁護人が頑張れば頑張るほど訴訟能力が認められる方向に傾くことになるが、弁護活動の内容如何にかかわらずMさんが自らの意思を弁護活動に反映できない以上、訴訟能力は弁護活動によっても補完することができないと考えるべきである。また、裁判所が積極的に手続に関与すれば訴訟能力喪失の判断を回避できるようなことを認めるべきでなく、訴訟能力を肯定した裁判所の判断（佐賀地判平24・2・21LEX/DB25480443）はとうてい是認できるものではない。

被告人質問に話を戻す。弁護人の質問は、Mさんの集中力が持たず、途中で中断した。第8回の公判では、検察官の反対質問と弁護人の被告人質問の残りが行われた。

検察官の反対質問では、何が写っているポスターかと聞かれても、Mさんは「人間の面（つら）ばってん」、「男」といったことしか答えられず、剥がしたポスターの枚数についても曖昧な回答に終始した。結局、Mさんが選挙について具体的な供述を行うことはなかった。

3回にわたる期日では、Mさんは何度も勝手に立ち上がってトイレに行こうとし、その都度、休廷となった。被告人質問では、Mさんの耐性の乏しさが強調された。

捜査官の尋問

被告人質問を先行させたにもかかわらず、裁判所が訴訟能力の鑑定に踏み切ることはなく、第10回と第11回公判では取調べ担当警察官の尋問が行われた。取調官は、Mさんが、通常の会話や読み書きができたし、意思疎通もできたから、問答式の調書を作成することや医師を立ち会わせることを検討しなかったと証言した。

また、取調官は、Mさんについて、「若干知的レベルが低い程度」という

印象を受けただけだったが、公判を傍聴するとMさんがまったく違う状態になっていたと証言した。Mさんには2001（平成13）年から療育手帳が交付されており、先天的な知的障害がある以上、捜査段階から公判に至るまでMさんの状態が大きく変化することはない。捜査官の証言が虚偽であることは明らかだった。

鑑定

　結局、訴訟能力の鑑定が先行することはなく、第18回公判の後、訴訟能力、公選法違反の故意、そして責任能力についての鑑定をすべて同時に行うことが決定した。私たちは、このころには、裁判所としても実体審理をするに熟しているはずであるから、刑訴法314条1項但書きにより、無罪判決を勝ち取るべきという方針に転換を図っていた。

　その後、鑑定留置の期間を経て、鑑定医による鑑定書が作成された。鑑定書の内容は、Mさんには、訴訟能力はないが、責任能力は限定責任能力であり、公選法違反の故意もあるというものだった。

　それから、鑑定人尋問に先立ち、鑑定人とのカンファレンスが行われた。そこでは、鑑定人から「責任能力のうち行動制御能力については、Mさんの興奮状態を惹起する刺激の程度によっては欠く場合もある」という発言があり、これと同旨の証言を鑑定人尋問でも引き出すことができ、これが無罪への大きな後押しとなった。

　Mさんには、苛立ちの強い状態で興奮が続き、自らの行為を止めることができなくなる保続傾向という特質があり、その程度が鑑定人尋問における重要な争点となった。

　カンファレンスや尋問にあたっては、村松医師から事前に助言をいただくことができた。村松医師の意見は訴訟能力・責任能力いずれも欠くというものであった。責任能力について、鑑定人と結論が異なる理由は、鑑定人がMさんの興奮状態を惹起した刺激の程度が特定できないから、限定責任能力にとどまると述べていたのに対し、村松医師は、被疑者弁護人の接見メモに事件当時激しい頭痛が存在したという記載があることを重視して、行動制御能力を欠くと結論づけた点であった。

　鑑定人尋問では、鑑定人の鑑定意見に対し村松医師が指摘した疑問点を

確認することが中心となった。

判決まで

　訴訟能力については、公判開始後に被告人の精神状態が著しく悪化したなどの事情がない限り、それを欠くと判断されることは極めて稀であり、責任能力についても、鑑定人の意見は、あくまで限定責任能力であることからすれば、鑑定人の尋問後も、ひょっとしたら有罪判決となるのではないかという不安が最後まであった。

　そこで、私たちは、佐賀県弁護士会の会員にカンパを募り、村松医師に正式に私的鑑定書の作成を依頼した。

　結果として、村松医師の鑑定書や証人尋問が採用されることはなかったが、村松医師の鑑定書の内容は、弁護人の弁論作成の際の大きなヒントとなり、精神鑑定に対しては、鑑定人の見識そのものを叩くのではなく、別の基礎資料を加えれば結論が異なるという方針を採ることで、裁判所が無罪を出しやすい主張を展開することができた。

　判決宣告の日、「被告人は無罪」と聞くと、肩の力が抜けた。裁判長が「Mさん、もう裁判には来なくていいですよ」と言ったのが、印象的だった。

　この判決の直後、検察庁の控訴への牽制のために、それまで一度もマスコミの取材に応じたことがなかったMさんの妹さん（すべての期日に立ち会い、第4回公判からは付添人として被告人の隣に座っていた）を説得して取材に応じてもらった。妹さんは、マスコミに対し「障害のある兄を解放してください」と述べ、この言葉は新聞等でも報道された。また、控訴をしないよう、検察庁に対し申入れも行った。もちろんこれらの活動がどれだけの意味があったかなどわからないが、結果として控訴もなく判決は無事に確定した。

裁判を振り返って

　裁判が2年も続いたのは、争点が多岐に及んだこともひとつの原因だ。私たちは、公判の途中から、犯人性も争うようになった。これは、剥がされた4枚のポスターのうち1枚の1カ所からしかMさんの掌紋が顕出され

ていなかったことや、4枚のうち1枚が3片に裂かれていたのであるが、Mさんには物理的に選挙用のポスターを破ることなどできないことが判明したからだ。私たちは選挙用のポスターが容易に破ることができないという性質があることを知った後、選挙用のポスターを入手し、力づくで破ろうと試みたが、ポスターは爪で切れ目を入れない限り破れなかった。裁判所でも検証が行われたが、結論としては、裁判官3名のうち2名がポスターを破れなかった。また、指紋の専門家に鑑定を依頼し、ポスターのような指紋が付着しやすい性質の物を相当な力で破こうとすれば指紋が付着しないとは考えがたいという内容の意見書を作成していただき、それを証拠請求した。結果として、犯人性の主張立証に相当な期間の審理を要してしまったことは否定できない。

この裁判を今から振り返ると、村松医師と知り合うことができたのも、日弁連の研修で偶然お会いする機会があったからだ。そのような機会に恵まれなければ、精神科医からのアドバイスを受けることができないまま裁判を終えていたかもしれない。佐賀のような地方においては、専門家へのアクセスが今後も課題となるだろう。

最後になるが、この事件でカンパに協力していただいた佐賀県弁護士会の多くの会員の方々、アドバイスをいただいた諸先輩方にはこの場を借りて御礼を申し上げたい。

コメント

佐藤隆太 弁護士

本件は、知的障害の事案について責任無能力で無罪を勝ち取った事案であるとともに、訴訟能力では敗北してしまった事案である。その主因は、裁判所の無理解であり、訴訟能力に対する臆病さであることは間違いない。また、弁護人の頑張りにより皮肉にも訴訟能力が認められた点で、1998(平成10)年3月12日最高裁決定(刑集52巻2号17頁)の危うさも示したものと

もいえよう。弁護人は基本的に優れた弁護活動を行ったものと考える。

　ただ、数点指摘するとすれば、捜査段階で可視化申入れや問答式調書作成の申入れ、あるいは専門家の面会を行ったほうがよかったかもしれない。検察官が訴訟能力欠如を理由に起訴をしないことは考えにくく、むしろ公判を有利に進めるために取調べの状況を明らかにさせることを考えたほうが基本的によいと考えられるからである。

　いずれにせよ、知的障害の事案において優れた弁護活動を行って結果を出した興味深い事案であり、われわれ訴訟能力研究会も研究のうえ、今後の弁護活動に役立てたいと考えている。

回復可能性

ある精神障害者の弁護活動

伊神喜弘 弁護士

事件の発生

M（当時52歳、以下敬称は全て省略する）は、1995（平成7）年5月3日愛知県豊田市内の神社の境内で被害者T（当時66歳）、S（当時1歳）を文化包丁で刺して殺害した。被害者2名の無念と遺族の受けた打撃ははかり知れず癒やされるものではない。

Mは18歳ころ、精神病院に3カ月ほど入院したことがあるのみで、その後事件を起こすまで精神病に関する入通院歴はなかった。結婚歴はなく、事件当時は造園業の日雇いであったが、生活は不安定であり、事件の1カ月ほど前に郷里に帰って兄弟にお金の無心をして50万円を用立ててもらっている。

統合失調症の再発

事件後なされた捜査段階のA鑑定によれば、統合失調症の再発に至る初期段階にあり、鑑定時には「幻覚（幻聴）や被害妄想に苦しめられており、統合失調症の再発状態」にあった。ただし犯行時は心神耗弱状態であると鑑定した。

本件事件は統合失調症の再発初期状態における「ただならぬことが起こりつつあるという戦慄感」を伴う「トレマの段階」にあったという。

逮捕後の弁護活動と起訴

　Mは逮捕され、私は当時の法律扶助協会の刑事被疑者法律扶助制度の援助により弁護人となった。Mは捜査段階のA鑑定を経て、1995年9月25日に名古屋地方裁判所岡崎支部に殺人罪、銃砲刀剣類所持等取締法違反で起訴された。

　私は国選弁護人に選任された。

起訴の問題点

　医療観察法が施行されたのは2005（平成17）年であり、本件起訴はその10年前のことであった。しかし、精神保健及び精神障害者福祉に関する法律による措置入院や医療保護入院の制度など精神科医療のメニューは存在していた。

　「幻覚（幻聴）や被害妄想に苦しめられており、統合失調症の再発状態」であったのにもかかわらず何らの医療措置をとることなく起訴した。

起訴後の弁護活動

　Mとの接見において、Mが「金属音がする。これを取り外してほしい」、「キーンと音がする。これは電波だと思う」、「いろいろな音楽や音が聞こえる。これは電波だと思う」等と訴えるのを聞いて裁判をする力があるか疑問を感じた。

　1995年11月20日に第1回公判が開廷されたが、訴訟能力がないとして公判手続きの停止を申し立てた。

　また、当時喫緊の課題はMに精神科治療を受けさせることであった。A鑑定が統合失調症の再発状態であって幻覚（幻聴）に苦しんでいると明言しているのになぜ検察官が治療の指示をしないのか、また拘置施設もなぜ治療措置をしようとしないか大きな疑問であった。風邪でも治療するのになぜ精神疾患の場合は治療を拒むのかと、当時勾留していたO拘置支所と複数回に亘って治療を受けさせるよう交渉したが、頑として治療を受けさせ

ようとしなかった。

治療措置を求める提訴

　やむなく、弁護人の固有権を根拠に国に対して、1995年12月25日付で「被告O拘置支所長がMに対し同年12月22日時点及び口頭弁論終結時点において同人の精神的疾患が疑われる症状に対し監獄法43条所定の病院移送その他治療を施していないことが違法であることを確認する」との請求の趣旨で提訴した。1996（平成8）年3月1日に、この裁判の第1回裁判期日が指定された。

　被告国の担当訟務検事は法廷で「弁護人の訴えは理由がある」と言い、O拘置支所に治療措置をとるよう求めることを約束した。前記裁判は取り下げた。そして、同年3月末から精神科治療が開始された。起訴後6カ月、逮捕されてからは約1年になろうとしていた。

公判手続の停止に至る経過

　1996年3月25日第2回公判、同年5月20日第3回公判が開廷された。

　弁護人は訴訟能力の有無と鑑定時の症状について鑑定を申請した。同年8月16日付でB鑑定が提出された。統合失調症に罹患している、訴訟能力が欠如しているとの内容であった。

　そしてその後B医師の証人調べを経たうえ、1997（平成9）年3月28日第7回公判期日において公判手続の停止決定がされた。

勾留の執行停止に至る経過

　公判停止決定の3カ月後、検察官は1997年6月26日付で公判手続停止決定を取り消す旨の決定の申請を申し立てた。

　弁護人は同年9月1日付で勾留の執行停止の申立てをした。当時、MはN刑務所に移送されて精神科治療を受けていたが、刑務所という制約上投薬以外の治療措置が困難であること、独居房への収容が治療上好ましくないことが申立ての理由であった。

裁判所は、検察官と弁護人の２つの申立てに対して、新たにＣ医師に鑑定依頼をした。1998（平成10）年３月18日付でＣ鑑定が提出された。統合失調症が慢性化していること、訴訟能力がないとの結論であった。

　裁判所は同年５月28日付で勾留の執行停止決定をした（ただし執行停止期間は当初は４カ月ごと、その後６カ月ごと）。そして、Ｍは同日精神病院に措置入院により入院した。

　起訴後２年８カ月後のことであった。

　その後、弁護人は定期的に勾留の執行停止の延長の申立てをしていくことになったが、その際、裁判所にＭの病状につき主治医の報告書を提出していた。

　なお、検察官の公判手続停止決定を取り消す旨の決定の申請は、その後2001（平成13）年12月26日に却下されている。

公訴取消しの上申

　起訴されてから８年経過した、2003（平成15）年７月25日付で弁護人は検察官に対して公訴取消しをするよう上申をした。

　その理由は、主治医の意見によれば「統合失調症は重篤な慢性状態にある」というのであるから、回復の見込みが極めて薄いという点にあった。検察官は検討すると言ったが３カ月後の同年10月６日に公訴の取消しはしないと回答した。

本件公訴棄却の判決に至る経過

　2007（平成19）年９月ころ、某新聞が「豊田の孫・祖父殺害事件」「公判停止12年　遺族無念」「訴訟能力ない」とのタイトルで本件事件の裁判の経過が報道された。同報道は訴訟能力の回復見込みのない刑事被告人をいつまでも裁判に拘束することの人権問題と被害者の遺族の処罰感情の強さ・無念さについて問題提起するものであり、本件裁判に関与する裁判官、検察官そして弁護人のいずれにも深刻な影響を与えた。私は弁護人として公訴取消しの上申以降いわばルーチンとしてＭと面会し、６カ月ごとの勾留の執行停止期間の延長申請をしていた。この間に、Ｍの症状は慢性化し付加

して認知症の症状も現れてきて、面接しても意思疎通はほとんど不可能となっていた。

以来、3カ月に1度ずつ、裁判所、検察官、弁護人の協議を重ねた。論点は訴訟能力の回復の見込みの有無であることはいうまでないが、もう1つは被害者に対する配慮をどうするのかであった。本件は統合失調症という病気のために起きた事件ではあるが、被害者が2人でそのうちの1人は赤ちゃんであった。この深刻な被害とどう向き合うのか。

新たに訴訟能力に関する鑑定がされた。裁判所によるD鑑定（2012〔平成24〕年9月27日付）は、本件犯行後の刑事司法過程で統合失調症が再発悪化し、言語的疎通性も有意に悪化している、回復する可能性は極めて乏しいという内容であった。検察官も鑑定したが、そのE鑑定（2013〔平成25〕年4月3日付）、F鑑定（同年11月11日付）のいずれも訴訟能力はない、将来回復する見込みはないという内容であった。刑事被告人の人権保障という観点からはもはや公訴を維持する正当性のないことは明らかであった。

裁判所は、被害者の遺族に対してMの現状を理解してもらうために検察官、弁護人とも協議したうえ、現状でとりうる手立てをとろうと努力した。その手立ては、極めて慎重かつ懇切なものであった。

名古屋地方裁判所は2014（平成26）年3月20日、公訴棄却の判決をした。起訴後、19年が経過していた。

刑訴法は検察官にのみ公訴取消の権限を認めている。本件で問題となったのは訴訟能力の回復の見込みがないにもかかわらず、検察官が公訴を取り消さない場合に裁判所が直接的に公判手続きを終了させることができるかであった。名古屋地方裁判所は「被告人に訴訟能力の回復の見込みがなく、公判手続再開の見込みがないにもかかわらず、検察官が公訴を取り消さない場合、裁判所が公判手続きを打ち切ることは、訴訟手続きの主宰者である裁判所の責務であるといえる」と判示し、刑訴法338条4号を準用して公訴棄却の判決をしたので、画期的判決であった。

検察官は控訴した。名古屋高等裁判所は2015（平成27）年11月16日に、被告人が訴訟能力がなく、かつその回復の見込みもないと事実認定しつつも、地裁の判決が法令解釈の誤りがあるとして、地裁判決を破棄し、差し戻すとの判決をした。検察官の公訴取消権限を重視して、あくまでも検察官に適正なる公訴取消を期待するというのであろうか。

弁護人は上告し、現在上告審継続中である。

訴訟能力回復の見込みがない場合の弁護活動

佐藤隆太 <small>弁護士</small>

　本件は、訴訟能力がないこと自体については特段の争いがなかった模様であるが、回復の可能性を考慮されて長年放置されてきたという事案である。訴訟能力の回復と公訴棄却の関係についてはあまり裁判例もないが、われわれ弁護人は、本件と、京都地判平8・11・28判時1602号150頁を参考にして「訴訟能力の回復の見込みがない」として公訴棄却を求めるような弁護活動を行っていかなければならない。

　具体的には、裁判所や捜査機関が行う鑑定にせよ、当事者鑑定にせよ、今まであまり俎上に載せることのなかった「訴訟能力の回復の見込みがない」ことを鑑定事項に含むように求めていかなければならない。結局、訴訟能力の回復の見込みは専門家でなければ判断できないし、専門家の判断がないところで裁判所が公訴棄却という裁判の打切りをすることは考えられないからである。その前提として定期的な面会で依頼者の病状を自分の目で確認し、主治医と綿密に連携して現状を把握し、訴訟能力の回復の見込みがないことを裁判所に訴えていくことは必要不可欠である。

　なお、精神障害と回復との関係については詳しくは中島直医師の後掲原稿に譲るが、たとえば統合失調症では回復の可能性はあるが（正しい十分な治療を受けられる前提である。被告人の立場では十分な治療が受けられない場合も多く、その意味で回復の可能性は下がるであろう）、認知症では回復の可能性はほぼない。そのような病気ごとの回復可能性について専門家と連携して知識を身につけておく必要もある。いずれにせよ、精神科医などの専門家からは「被告人の立場と被治療者の立場は両立しにくい（治りたいという気持ちと治ったら罪に問われるので治りたくないという気持ちが相反するため）」といわれており、このような視点を持って、公判手続の早

期打切りこそがむしろ正義に適うことを裁判所に訴えていかなければならない。そして病気の性質・治療体制・被告人の現況・手続を長期化させることの不正義などを具体的に主張立証していくのがわれわれの責務であろう。

　最後に、公訴棄却を求めるのか審理を続けて無罪をとりにいくのはどちらがいいかという点について触れる。前記京都地判平8・11・28は訴訟能力の回復を認めて審理を開始したうえで心神喪失を理由に無罪判決を出している。訴訟能力の回復の見込みの確定とそれを前提にした公訴棄却については弁護人がどのように努力しても一定の時間がかかることを考えると、責任無能力を理由とする無罪が相当程度確実に見込めるときは審理を継続して無罪判決をとりにいくというのも戦略のひとつであると思われる。

手続停止から打切りへ

指宿 信 成城大学教授

　本件の法的結論である公訴棄却判決の意義はいくら強調してもし過ぎではないであろう。岡山いんあ者事件の原々審（岡山地判昭62・11・12判時1255号39頁）は公訴棄却であったが控訴審で破棄され、結局差し戻されて公判手続停止で終わった（その後、被告人が末期がんであることが判明し、検察側の公訴取消しで終了した）。これまでの訴訟能力事案ではもっぱら公判の継続か停止かが争われてきたが、本件は回復可能性について初めて正面から論じ手続を打ち切ったケースとして極めて重要である。

　本件の問題は回復可能性の存否とそれに伴う法的措置である。裁判所による公訴棄却判断はできないという検察側の主張は一蹴されているが、仮に回復可能性がある、もしくは犯行時の精神状態について責任能力判断が可能ということになれば、停止もしくは実体判決となろう。

　これまで回復可能だとされたケースとしては、26年間停止後に公判が再開され無罪判決とされた事案（京都地判平8・11・28判時1602号150頁）が

管見する限り唯一である。検事控訴がなされた本件での控訴審ではこうした「回復可能性」が大きな焦点となると予想される。

　しかしながら、一般的に回復可能性が理論上検討しうるとしても、個別事例として本事案の被告人にそれを期待することが無理ということになれば、判決が指摘するようにいつまでも停止が許容されるわけではないはずで、それは上記岡山いんあ者事件最高裁決定（最決平7・2・28刑集49巻2号481頁・判時1533号122頁）の千種補足意見が指摘するとおりである。すなわち、「訴訟能力が回復されないとき、裁判所としては、検察官の公訴取消しがない限りは公判手続を停止した状態を続けなければならないものではなく、被告人の状態等によっては、手続を最終的に打ち切ることができるものと考えられる」というのである。本意見は「公判停止後の打ち切り可能性」について論じたものであるが、学説の多くは停止を経ない直截な打切りについて概ね積極的である。

　今後、訴訟能力問題は、従来どおりその有無（公判停止の要否）が争われるのみならず、公判手続停止後の公判継続問題（回復の可能性、不可能な場合の措置）あるいは公判手続停止を経ない直截の打切り可能性へと拡大することが本件で明らかになった。とりわけ高齢化社会の日本においてはアルツハイマー症による訴訟能力欠如といったケースが増加することも予想されるところであり、回復可能性が期待できない場合も多いであろうから、同種事案において公判停止ではなく手続打切りを求める主張が現実味を帯びてこよう。

　これからは、上記千種補足意見をどのように弁護実践に結びつけていくべきかが課題となるわけで、多くのケースで弁護人の手続打切り論への理解が求められるところである。すでにこのテーマに関しては2冊の著作を刊行しているところであり、参考としていただければ幸甚である（拙著『刑事手続打切りの研究』〔日本評論社、1995年〕、同『刑事手続打切り論の展開』〔日本評論社、2010年〕）。

早急な治療開始があるべきであった

中島 直 医師

　伊神弁護士の報告による情報に従って、精神科医の立場から若干のコメントを加えたい。

　逮捕・勾留後に精神状態が悪化する被疑者・被告人は少なくない。その多くは刑事施設内で治療を受けるか放置されるかしている。刑事施設内での医療は十分でない。その理由にはいろいろあるが、ここでは、刑事施設内では治療資源が限られること、強制医療については行えるのか否か明確でないことの2点のみ挙げておく。本件被告人が、当初拘置支所において最低限の治療すら行われておらず、弁護人の提訴まで必要とされた理由は不明であるが、提訴後治療開始ができたのであるから、本人の強い拒否などの重大な障害があったとは考え難い。もっと早急な治療開始があるべきであった。

　また、本件被告人は訴訟能力が否定されて公判が停止された。本邦では公判停止が必ずしも治療に結びつくわけではない。記憶に新しいところでも、強盗殺人被告事件の被告人が統合失調症で心神喪失と診断され公判が停止されたが精神科病院や医療刑務所に移されることなくそのまま拘置施設に17年以上勾留となっていて、両目に箸を突き刺して自殺した例があった（2010年8月10日各種報道。本書第4部「長期の公判停止」の事例）。本事例でも執行停止から入院までに期間を要しているなど、当初十分な治療は行われていなかったと思われる。十分な治療は被告人のためだけではない。病状が進行する前に適切な治療を行えれば、回復して公判を再開できた可能性もあるので、被害者や遺族の視点からみても有益である。公判停止は自動的に治療につなげる制度にすべきである。ただし、もちろん全例が回復するわけではないから、その際の配慮は必要である。評者は期限を区切ってでもよいから医療機関に移すべきであるとの私見を持っている。評者自身は、これほどの重罪ではないが事実上公判が停止されて入院治療を行った事例の経験を複数有している。種々の配慮を要することは事実であるが可能である。

一方、本邦の司法は回復可能性がないとの判断に慎重すぎるとの印象がある。聴力障害ないし発達障害といった一般的に回復不能な事例に公訴棄却までに10年ないし19年を費やしている事例がある（拙著「刑事裁判における訴訟能力についての裁判例の検討」精神神経学雑誌108巻11号〔2006年〕1128頁。拙著『犯罪と司法精神医学』〔批評社、2008年〕にも所収）。確かに公訴棄却という判断は慎重になすべきであろうが、医学的判断は尊重されるべきであると考える。

　一方で、被告人という地位に置かれていることが改善を妨げていると考えられた事例もあった。治療する立場からは早く被告人の立場を解いてほしいと思うが、仮にそれで改善した場合には公判に戻す能力を回復するかもしれないという矛盾がある。評者の経験例では関係者の大きな協力があって対応しえたが、うまくいく場合のみではない。今後の課題である。

訴訟能力研究会

[事務局] 〒260-0013 千葉市中央区中央 3-18-3 千葉中央ビル 4 階 法律事務所シリウス
担当：佐藤隆太（弁護士）　Mail：r-sato-lsc@akita.email.ne.jp

執筆者（執筆順）

北潟谷仁（きたがたや・ひとし）	弁護士
佐藤隆太（さとう・りゅうた）	弁護士
金岡繁裕（かなおか・しげひろ）	弁護士
指宿　信（いぶすき・まこと）	成城大学教授
中島　直（なかじま・なおし）	医師（医療法人社団新新会多摩あおば病院）
高岡　健（たかおか・けん）	医師（岐阜県立希望が丘こども医療福祉センター）
木村一優（きむら・かずまさ）	医師（医療法人社団新新会多摩あおば病院）
高橋修一（たかはし・しゅういち）	弁護士
中島　宏（なかじま・ひろし）	鹿児島大学教授
加藤　梓（かとう・あずさ）	弁護士
出口聡一郎（いでぐち・そういちろう）	弁護士
伊神喜弘（いがみ・よしひろ）	弁護士

GENJIN刑事弁護シリーズ18

訴訟能力を争う刑事弁護

2016年9月15日　第1版第1刷発行

編　者	訴訟能力研究会
発行人	成澤壽信
編集人	北井大輔
発行所	株式会社 現代人文社
	〒160-0004
	東京都新宿区四谷2-10八ツ橋ビル7階
	Tel 03-5379-0307　Fax 03-5379-5388
	E-mail henshu@genjin.jp（編集）　hanbai@genjin.jp（販売）
	Web www.genjin.jp
発売所	株式会社 大学図書
印刷所	株式会社 平河工業社
装　幀	Malpu Design（清水良洋）
検印省略	Printed in Japan

ISBN978-4-87798-642-1 C2032

◎本書の一部あるいは全部を無断で複写・転載・転訳載などをすること、または磁気媒体等に入力することは、法律で認められた場合を除き、著作者および出版者の権利の侵害となりますので、これらの行為をする場合には、あらかじめ小社または著者に承諾を求めて下さい。
◎乱丁本・落丁本はお取り換えいたします。